국내 최고 감성 크리에이터와 함께하는 종이아트

페이퍼크래프트를
하나씩 하나씩 알기 쉽게

동양북스

페이퍼크래프트를
하나씩 하나씩 알기 쉽게

초판 인쇄 | 2018년 12월 5일
초판 발행 | 2018년 12월 10일

저 자 | 최은영
발행인 | 김태웅
편집장 | 강석기
마케팅총괄 | 나재승
기획 편집 | 김다정, 이선일
디자인 | all design group
스타일링 어시턴트 | 한예림

발행처 | (주)동양북스
등 록 | 제 2014-000055호(2014년 2월 7일)
주 소 | 서울시 마포구 동교로22길 12 (04030)
구입문의 | 전화 (02)337-1737 팩스 (02)334-6624
내용문의 | 전화 (02)337-1762 dybooks2@gmail.com

ISBN 979-11-5768-458-8 13630

오늘 하루, 어떠셨나요?

저는 이런저런 스트레스로 지친 날이 많았어요. 학교를 다닐 때는 다닐 때대로 사회에 나와서는 또 나와서 대로, 친구 때문에, 연인 때문에, 상사 때문에, 처음 본 사람 때문에…. 어째서 세상은 내 마음 같지 않은 걸까요? 이 마음을 풀어야 다음으로 나갈 수 있을 텐데 쉽게 풀리지 않는 마음이 또 스트레스가 되기도 했어요.

그날도 이런저런 일로 지친 몸을 이끌고 침대에 털썩 누웠습니다. 손가락 하나 움직이기 싫다란 생각으로요. 그런데 책상 아래 무엇인가 보이는 거예요. 예전에 누군가에게 나의 정성을 전하기 위해 포장 박스와 편지지까지 만들고 남은 종이였습니다. 종이를 보니 무언가 만들고 싶어지더군요.
자와 연필, 칼을 꺼내 상자 도안을 그리고 상자를 만들었어요. 그러자 상자를 꾸밀 꽃이 만들고 싶더군요. 서랍을 뒤져 색종이를 찾아 꽃을 만들어 꾸몄습니다. 그리고 잎사귀도 만들었고 이름표로 쓸 와펜도 만들어 달았죠.
순식간에 2시간 쯤 흘렀던 거 같아요. 분명 시작할 때는 피곤했는데 끝내고 나니 개운한 느낌이 들었어요. 그날 이후 집으로 돌아오면 종이를 만지작거리며 이것저것 만드는 것이 저의 행복이 되었습니다. 작지만 확실하고 소중한 행복이었죠.

만든 것을 자랑삼아 블로그와 인스타에 올리자 하나, 둘 도안을 공유해 달라는 요청이 왔어요. 누군가 본다는 생각을 들자 조금 더 아이디어를 구상하며 만들기 시작했어요. 회사 일이 힘들어도 집에 와서 종이를 만지면 힘이 났죠. 이런저런 자료를 찾아보며 점점 페이퍼크래프트에 빠졌어요.
그렇게 저의 '소확행'이 쌓이자 하나하나 보내기에는 감당하기 힘들 정도이 도안 요청이 쏟아졌어요. 그래서 카페를 하나 만들었습니다. 제가 만든 도안을 공유하고 본격적으로 종이가 주는 행복을 널리 전파하기 시작했습니다. 그렇게 2년 동안 400여 개의 페이퍼크래프트 도안을 만들어 냈어요. 또 보다 생생하고 쉽게 만들 수 있도록 유튜브 채널도 개설했습니다.

다른 소재와 달리 종이는 한 장만 있으면 부드러운 표현이, 여러 장을 겹쳐 붙이면 딱딱한 표현이 가능해요. 또 원하는 그림을 그릴 수 있고, 색을 칠하고 심지어 자수를 놓을 수 있어 완성도가 높은 작업이 가능하죠. 게다가 만들다가 틀리더라도 재료를 구하는 것이 너무나 쉽고 가격적인 부담도 적다는 매력까지, 정말 만능이죠. 그리고 무엇보다 바스락 바스락 종이를 만지고 자르며 손끝에서 느껴지는 편안함이 참 즐거워요.

그래서 누구나 쉽게 시작하고, 누구나 멋지게 완성할 수 있도록 신경 써서 구성했습니다. 종이도 별도로 구입할 필요 없이 책 뒤에 도안과 함께 준비해 두었죠. 지금 바로 시작해보세요. 하나하나 따라하다 보면 점점 느는 페이퍼크래프트 실력에 스스로 놀랄지도 몰라요.

 종이에 사랑을 담아 만드는 페이퍼크래프트 작가 **최은영**

contents

prologue … 003 오늘 하루, 어떠셨나요?

페이퍼크래프트를 시작하기 전에

008 페이퍼크래프트 준비
010 기초 커팅법
011 커팅 연습하기
012 종이의 종류

Level 1 종이와 익숙해지기

016
레터링 프레임

018
와펜

022
나뭇잎

026
작은 씨앗 엽서

Level 2 종이로 작품 만들기

030
미니 화분 액자

032
페이퍼
마크라메

034
파랑새

036
여러 모양의
상자

040
리스

042
나비 모빌

Level 3 입체 작품 만들기

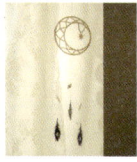
046
드림캐쳐와
선캐쳐

050
아네모네와
장미

054
테라리움

058
조명 스탠드

060
네잎클로버
팝업 카드

064
상자 카드

Level 4 다른 소재와 함께 작품 만들기

068   자수 준비물과 방법

072
자수 책갈피

076
작은 꽃
자수 액자

080
코스터

084
자수 봉투

088
수채화
자수 부케

Level S 파티에 어울리는 소품 만들기

094
파티 갈런드

096
레터링 케이크
토퍼

098
테이블 이름표

100
파티 프롭스

102   페이퍼크래프트 도안

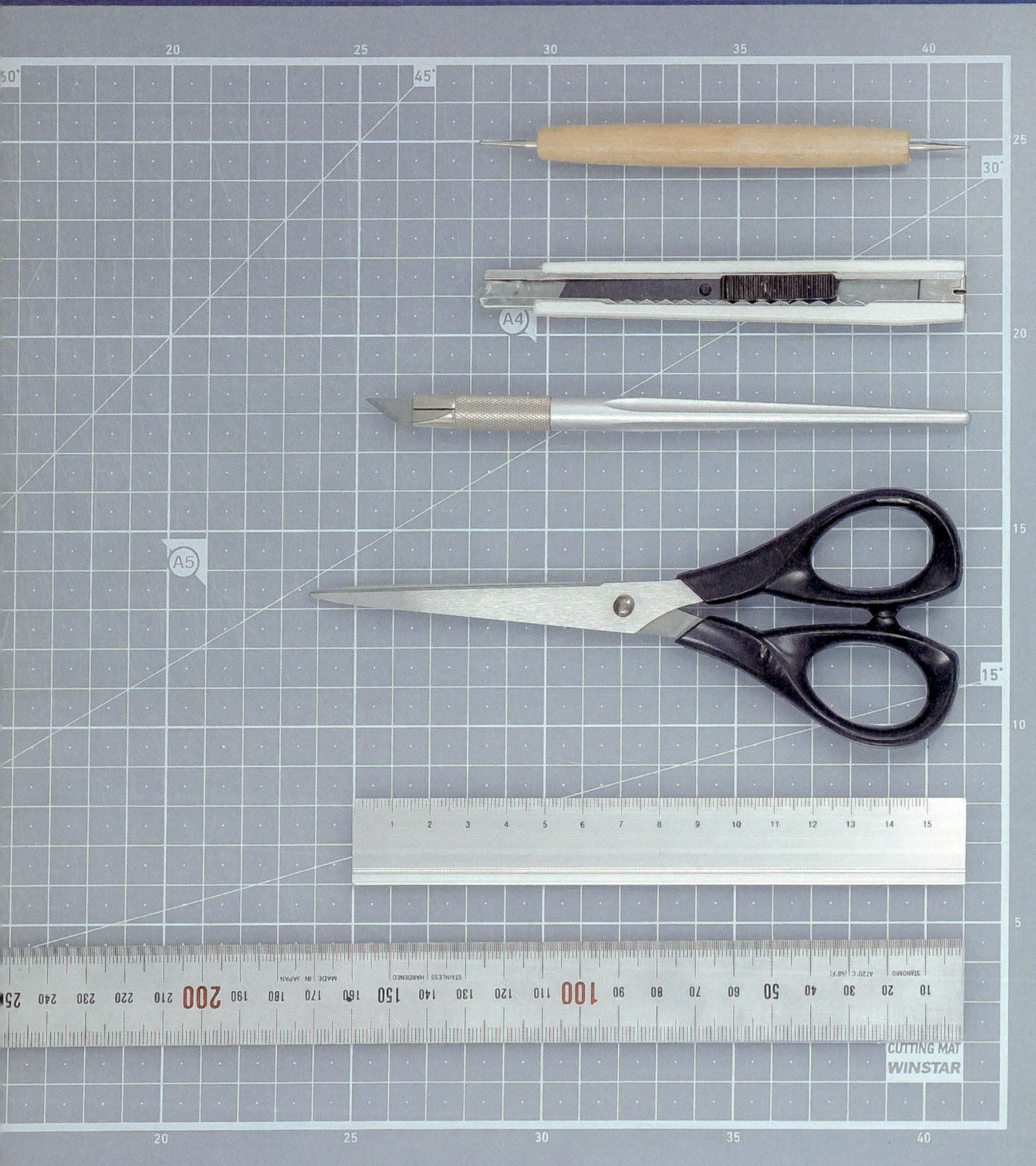

페이퍼크래프트를
시작하기 전에

종이는 주변에서 쉽게 구할 수 있는 재료입니다.
또 우리가 어릴 때부터 익숙하게 사용하던 소재인 만큼
다루는 데 큰 노력이 필요하지 않아요.
약간의 집중력과 알맞은 도구만 있으면
예쁜 소품을 쉽게 만들 수 있답니다.

prepare of paper craft

페이퍼크래프트 준비

어린 시절 했던 종이접기처럼 페이퍼크래프트는 종이만 있어도 가능한 작업이에요.
하지만 칼, 자와 같이 약간의 준비물만 더 해도 훨씬 더 예쁘고 섬세한 작업이 가능해요.
준비물 또한 집에 있는 것이 대부분이랍니다.

기본 준비물

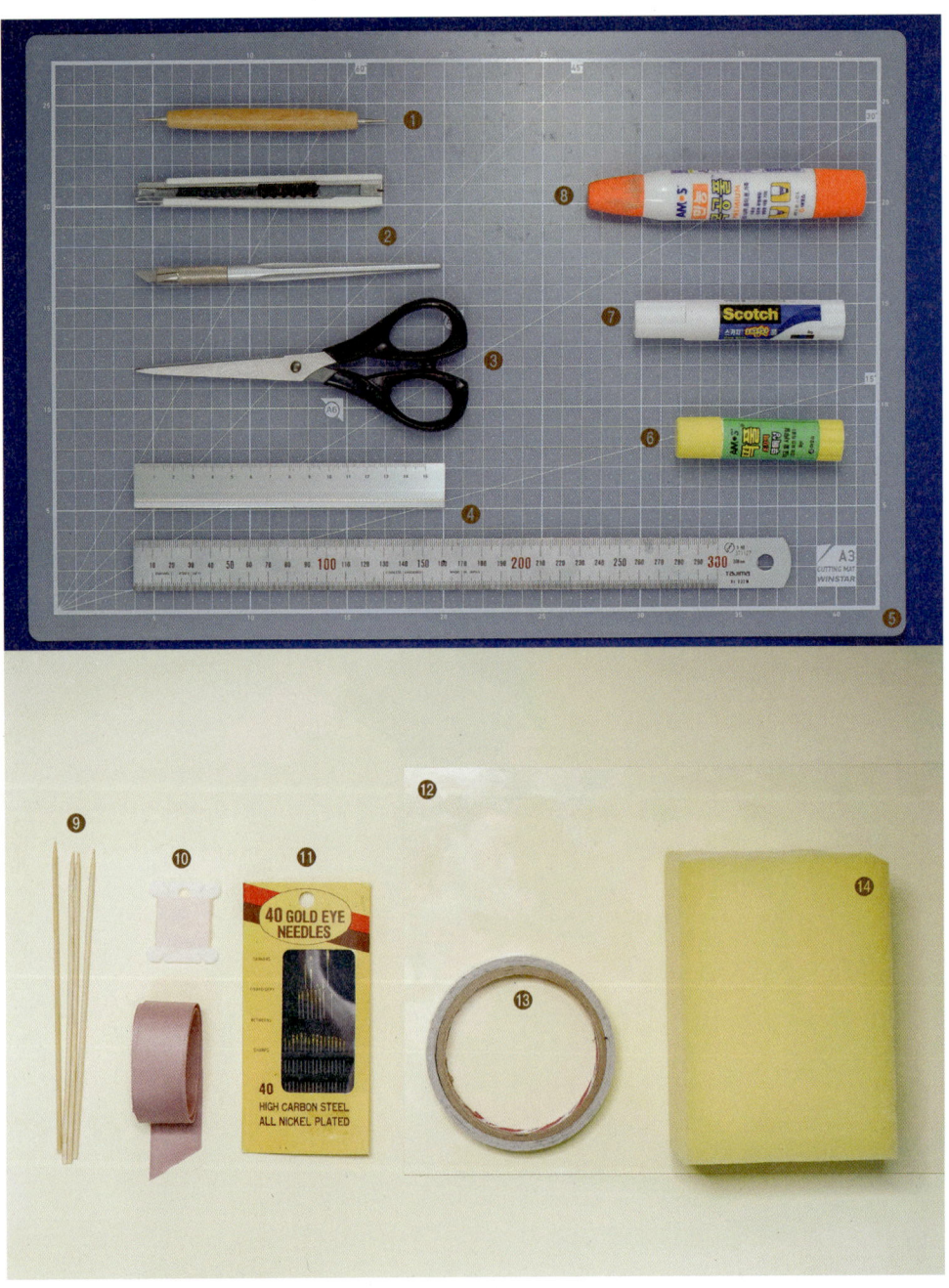

❶ 도트 봉

작은 종이 조각에 풀을 바르거나 종이를 누를 때 사용하는 도구예요. 종이의 표면만 살짝 자르는 칼선 작업이 능숙하지 않다면 도트봉으로 대체할 수 있어요.

❷ 칼과 아트나이프

직선을 자를 때에는 칼만큼 좋은 도구가 없어요. 저는 주로 일반 칼날보다 뾰족한 30°날을 사용합니다. 끝이 뾰족하면 더 예리하게 잘 잘리거든요. 물론 집에 있는 일반적인 커터 칼을 사용해도 됩니다. 칼을 사용하다 보면 날끝이 무뎌지는데 이럴 때는 칼날을 교환해주면 되어요. 아트나이프는 칼의 한 종류예요. 공예용으로 제작된 것이라 연필을 잡는 자세와 같이 쥐게 되어 있어 좀 더 편하게 커팅을 할 수 있어요. 섬세한 곡선이나 안쪽 선을 자를 때 적합해요.

❸ 가위

가위는 우리가 흔하게 사용하지만 의외로 용도가 무엇이냐에 따라 종류가 다양해요. 종이 자르기에 적합한 종이 공예용 가위는 가벼운 것일수록 좋아요. 섬세한 작업을 하기에는 종이 공예용 가위가 가장 좋지만 처음 도전한다면 일반 문구용 가위를 사용해도 괜찮아요. 다만 종이 공예로 사용할 가위를 정했다면 그 가위는 다른 용도로 사용하지 않도록 주의하세요. 자칫 가위의 이가 나가서 종이를 균일하게 자르기 힘들어 질 수 있어요.

❹ 자

페이퍼커팅에 제일 적합한 자는 철 소재의 자입니다. 철로 만들어진 자는 내구성도 좋고 얇기 때문에 정확히 칼질을 할 수 있어요. 반면 플라스틱 자는 반복적으로 칼질을 하는 과정에서 이가 나가서 반듯하게 자를 수 없고 자자체 두께가 두꺼워서 잘라야 하는 부분을 정확히 보기가 힘들어요.

❺ 커팅매트

칼로 종이를 자를 때 책상을 보호할 뿐만 아니라 정확한 칼질을 위해 꼭 필요한 도구입니다. 이 책을 따라 작업을 하다 보면 점점 더 큰 작품을 만들게 되니 처음 구매할 때 최소 A3 사이즈 이상의 커팅매트를 사용하시는 것을 추천합니다.

❻ 고체 풀

물풀은 묽어서 얇은 종이에 사용하면 종이가 쭈글쭈글해져요. 반면 고체 풀은 마르고 난 뒤 변형이 적어요. 고체 형태이지만 수용성이니 원하지 않는 부분에 묻었을 경우 물 티슈로 지우면 깨끗해집니다.

❼ 재접착 풀

'포스트-잇'처럼 붙였다 떼었다 할 수 있는 풀이에요. 주로 도안을 고정할 때 사용해요. 풀칠을 하고 30초 정도 지난 후 붙여서 사용합니다. 나중에 도안을 제거했을 때 지저분하지 않고 깨끗한 것이 장점이에요.

❽ 목공용 풀

목공용 풀이라는 이름이지만 종이나 천에도 사용 가능한 만능 풀이예요. 접착 면에 얇게 바른 후 1~2분 뒤에 붙여 사용해요. 수용성이기 때문에 손에 묻어도 물로 닦아낼 수 있고 풀이 약간 삐져나왔을 경우 물 티슈로 살짝 닦으면 됩니다.

❾ 나무스틱

작품을 어디에 꽂을 수 있도록 할 때 사용해요. 이쑤시개의 두 배 길이인 산적용 꼬치를 주로 사용한답니다.

❿ 실/끈/리본

포장할 때나 모티브끼리 이어지는 구조를 만들 때 주로 사용해요. 실은 주로 자수실, 끈은 주로 8/16/24합 정도 두께의 면 끈을 사용하죠.

⓫ 바늘

실이나 끈을 매달기 위한 작은 구멍을 낼 때 사용해요.

⓬ 아크릴

페이퍼커팅 작품을 액자로 만들 때 사용해요.

⓭ 양면테이프

아크릴이나 유리 등에 접착할 때 사용해요. 목공용 풀은 종이와 목재, 원단에 적합한 풀이라 사용하기 힘들어요.

⓮ 스펀지

바늘로 타공을 할 때 종이 밑에 두어 사용해요. 그러면 종이가 구겨지지 않고 타공을 보다 쉽게 할 수 있어요.

Tip · 무뎌진 칼날 교환법

커터의 뒤쪽 꼭지를 뺀 뒤, 칼날을 1~2칸 정도 꺼내고 꼭지 끝 갈라진 틈에 칼날을 넣으세요. 이때 칼날은 한 칸만 넣어 꼭지 끝과 칼날에 표시된 칸을 맞춰야 해요. 그리고 한 손으로 꼭지를 단단히 쥐고 힘을 주어 아래로 내려 칼날을 부러뜨리세요. 꼭지 속에 있는 부러진 칼날을 안전하게 버리고 꼭지를 제자리에 끼워 사용하세요.

기초 커팅법

종이 자르기는 가위와 칼이라는 날카로운 도구를 사용하는 만큼 주의가 필요해요.
또 평소 가위질과 칼질이 서툴렀다면 다음의 방법을 살펴보세요.
보다 멋진 모양으로 자를 수 있게 될 거예요.

가위 사용 법

직선 자르기

직선 형태를 자를 때 가윗날을 끝까지 닫으면 자칫 종이가 찢어질 수 있어요. 가윗날이 끝까지 닫히기 전에 다시 가윗날을 벌려 중간 부분으로 앞을 나아가며 자르세요.

곡선 자르기

곡선 형태를 자를 때는 가위는 고정하고 종이를 돌려가며 자르면 정확하게 자를 수 있어요.

칼 사용 법

자를 제대로 사용하기

자를 정확하게 도안에 대고 자르는 것이 가장 중요해요. 또한 칼이 아닌 자에 힘을 주고 잘라야 해요. 칼에 힘을 주고 자르다 보면 오히려 삐뚤삐뚤해지고 크게 다칠 수도 있어요. 칼질이 한 번에 마무리되지 않았다면 두어 번 더 칼질 해 깔끔하게 종이가 잘리도록 하세요.

안쪽부터 커팅하기

복잡한 도안일수록 도안의 안쪽부터 커팅해요. 바깥부터 커팅하게 되면 힘을 받는 종이 면적이 적어지면서 칼이 주는 힘을 이기지 못해 찢어질 수도 있어요.

칼선 넣는 법

점선을 따라 자를 대고 칼로 살짝 그어주세요. 칼끝이 바닥에 닿지 않고 종이 표면만 긋는 느낌입니다. 손에 힘을 빼고 칼질하는 연습이 되어 있다면 쉽게 할 수 있을 거예요.

커팅 연습하기

페이퍼크래프트를 처음 시작할 때 '붙이는 건 어떻게 할 수 있겠는데,
자르는 것은 영 자신이 없어.'라는 고민을 많이 하더라고요.
본격적인 페이퍼크래프트에 앞서 간단하지만 예쁜 종이 모티브를 자르며 페이퍼커팅에 익숙해져 봐요.

오각형/다이아몬드

오각형과 다이아몬드를 자를 때는 자와 칼을 이용하면 편해요. 자를 흔들리지 않게 꽉 누르고 자 바깥으로 손이 나와 있지는 않은지 확인하세요. 손이 나와 있지 않다면 칼을 쥔 손에 힘을 빼고 그으세요. 한 번에 잘리지 않아도 괜찮아요. 자를 꽉 누르고 있다면 잘라야 할 곳이 쉽게 틀어지지 않아요.

원형/나뭇잎

원과 나뭇잎은 곡선으로 이루어져 있어요. 원은 칼을 돌려가면서 자르다보면 손을 다칠 수 있어요. 꼭 종이를 돌려가며 잘라주세요. 칼질이 어렵다면 가위를 이용해서 작업해도 됩니다. 원형 자르기를 할 수 있다면 나뭇잎도 잘 자를 수 있어요. 단 나뭇잎은 여러 방향의 곡선이 섞여 있으니 길질을 하기 편한 방향이 되도록 종이를 돌려가며 자르세요.

깃털/벚꽃

깃털과 벚꽃 같은 섬세한 모양의 경우 세부적인 자르는 스킬이 필요해요. 이런 모양들은 바깥의 큰 모양보다 안쪽으로 들어가는 부분들을 먼저 자르는 것이 안정적입니다. 안쪽 칼질이 섬세하게 되어야 정교한 작품을 만들 수 있어요.

종이의 종류

이 책에는 직접 만들어볼 수 있도록 도안이 인쇄된 종이를 제공하고 있어요. 이것을 잘라서 만들면 근사한 작품이 됩니다. 여기에 다음에 소개하는 종이를 직접 구매해서 만든다면 또 다른 멋진 결과물을 만날 수 있어요. 책의 도안대로 만들고 싶다면 재접착풀로 추천 종이에 도안을 붙이면 그대로 잘라 사용할 수 있답니다.

페이퍼크래프트에 좋은 종이

페이퍼크래프트 종이는 일반적인 종이보다 두꺼운 종이를 사용해요. 일상생활에서 주로 사용하는 A4용지는 보통 75g인데, 단순 오려 만들기를 할 경우 100~200g, 페이퍼크래프트 소품을 만들 경우에는 180~300g 정도의 종이가 좋아요.

종이의 종류는 저조차도 모두 알 수 없을 만큼 많아요. 이 많은 종류의 종이를 보고 혼란스러워 할 여러분을 위해 초보자가 쉽게 구할 수 있고 가성비까지 좋은 종이를 추천해 드릴게요. 바로 디자이너스지 116g, 머메이드지 178g, 스타드림지 240g이에요. 이 종이들은 대형 문구점이나 온라인에서 쉽게 구할 수 있고 가격도 저렴해 초보자들이 원하는 작품을 만들기에 충분할 거예요.

추천 종이 리스트

종이는 g으로 두께를 분류해요. 종이로 표현할 수 있는 것들이 무궁무진하기 때문에 다양한 종이를 추천해 드릴게요. 만들고자 하는 작품에 알맞은 두께의 종이를 사용한다면 더 멋진 작품을 만들 수 있어요.

디자이너스 칼라지 116g

이름에 칼라가 들어갈 정도면 얼마나 색이 많을까요? 100가지 정도의 색상을 가지고 있는 종이예요. 무지개 색을 중심으로 섬세한 색의 변화를 담았어요. 이런 다양한 색상은 자연물을 표현하기 정말 좋아요. 종이꽃과 종이 자수에 덧대어 입체적인 표현을 하는 종이로 추천합니다.

칼라 머메이드지 178g

약 80가지 정도의 색상이 있는 종이입니다. 문구점에서도 쉽게 구할 수 있는 종이로 저는 주로 편지나 작은 카드, 10cm미만의 상자를 만들 때 사용해요.

스타드림지 240g/340g

스타드림지는 110g부터 제작되는 종이이지만 저는 240g(32색)/340g(18색)을 제일 많이 사용해요. 고급스러운 광택과 튼튼한 내구성이 상자를 만들기 딱 좋아요. 상자는 두꺼울수록 좋으니 340g이 적합하지만 제가 제일 좋아하는 로즈쿼츠 컬러는 240g 종이까지 밖에 나오질 않아요. 그래서 저는 240g을 두 겹으로 겹쳐 사용하기도 해요. 보통 종이는 두꺼울수록 다양한 색이 나오지 않기 때문에 종이를 겹쳐서 사용하는 것도 좋은 활용 방법이에요.

종이 구매

페이퍼크래프트는 같은 도안으로 만들더라도 다른 종이를 사용하면 다른 작품처럼 느껴지기도 합니다. 별도의 도색 작업이 없기 때문에 종이의 질감이 작품의 분위기가 되는 것이지요. 그래서 좋은 종이를 사용하면 더 멋진 작품처럼 보이기도 해요.

고급 종이는 페이퍼 갤러리에서 직접 보고 구매할 수도 있고, 인터넷 주문도 가능해요. 대표적인 한국의 페이퍼 갤러리는 두성종이의 인더 페이퍼 갤러리(02-3144-3181)와 삼원종이의 삼원 페이퍼 갤러리(02-468-9008)가 있습니다.

인더 페이퍼 갤러리
http://www.inthepaper.co.kr

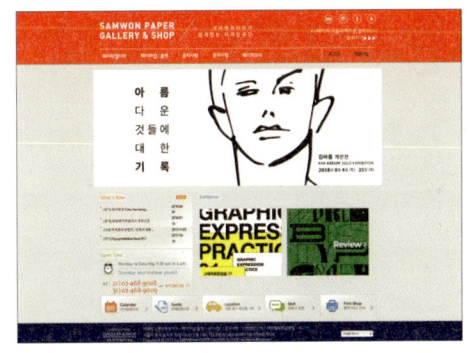

삼원 페이퍼 갤러리
http://www.papergallery.co.kr/re2/

paper cutting

artwork

Level

1

종이와
익숙해지기

레벨1에서는 설명한 기초 커팅법과 이를 활용한 작품을 만들어볼 거예요.
종이와 칼 등에 익숙해지는 단계로 책을 따라 하다보면
간단하지만 근사한 작품을 완성할 수 있어요.
뒤쪽에 준비된 도안을 직접 오려서 나만의 작품을 만들어보세요.

레터링 프레임

곡선이 많은 글씨를 잘라야 하니 아트나이프가 있다면 아트나이프를 사용하세요.
처음이라 다소 복잡하게 느껴질 수 있으니 먼저 완성 사진을 보고 따라하면 좀 더 쉬워요.

Meterial ···

○ 커팅매트 ○ 칼 혹은 아트나이프 ○ 자

How to make ···

01

도안을 뒤집어 모서리 안쪽부터 자르세요.

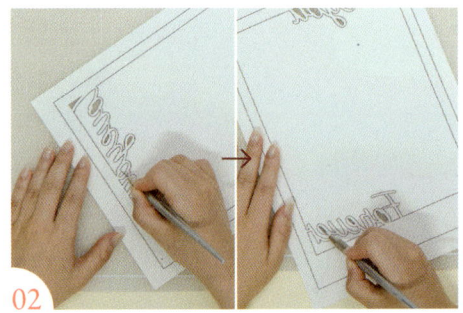

02

글씨 안쪽을 자른 후 글씨 바깥쪽을 자르세요.

03

프레임 안쪽의 직선 부분은 자를 대고 잘라주세요.

와펜

선물을 할 때 깔끔한 종이로 포장을 하고 와펜만 달아도 훨씬 고급스러워 보여요.
마음을 전하는 간단한 메시지를 적기에도 딱 좋답니다.

Meterial ⋯

○ 커팅매트 ○ 칼 혹은 아트나이프 ○ 자 ○ 가위 ○ 면 끈

How to make ⋯

01

끈이 걸릴 삼각형 구멍을 먼저 자르세요.

02

자를 대고 도안을 따라 외곽선을 자르세요.

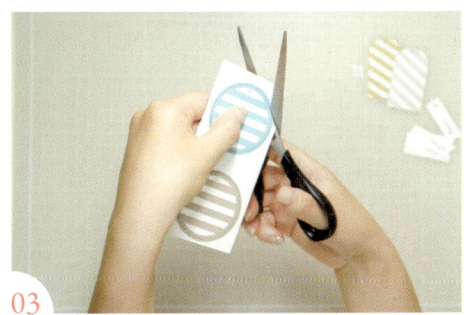

03

원형은 종이를 돌려가며 가위로 자르세요.

04

구멍으로 20cm정도의 면 끈을 넣고 끝이 짧게 남도록
묶으세요.

와펜을 활용한 사각 상자 포장 🌿

Meterial ···· ○ 커팅매트 ○ 칼 혹은 아트나이프 ○ 크래프트지 ○ 양면테이프 ○ 면 끈 혹은 리본

❶ 포장하려고 하는 상자보다 종이를 가로 1.5배, 세로 2.5배 크게 자르세요.

❷ 선물을 종이로 감싼 뒤 양면테이프로 고정하세요.

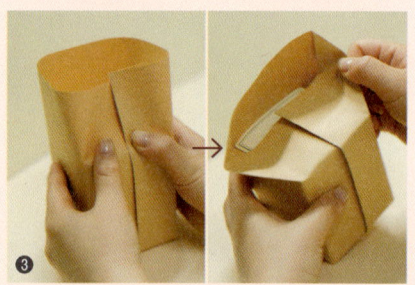

❸ 종이를 꺾어서 접으세요. 이때 모서리를 잘 맞춰서 접으세요.

❹ 양옆에 양면테이프를 붙인 후, 가운데로 모아서 붙이세요.

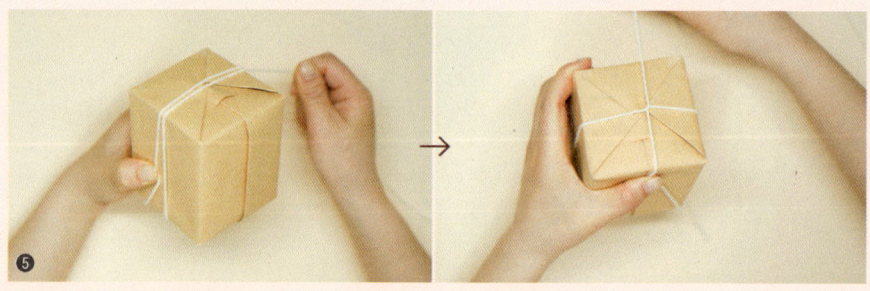

❺ 면 끈을 가로로 한 바퀴 돌린 뒤, 90도 꺾어 세로로 한 바퀴 돌리세요.

❻ 가로 면 끈의 밑에서 위로 면 끈을 빼내 매듭을 지
세요.

❼ 면 끈에 와펜을 끼우고 리본으로 묶으세요.

와펜을 활용한 원통 포장 🌿

Meterial ···· ○ 칼 혹은 아트나이프 ○ 크래프트지 ○ 양면테이프 ○ 면 끈 혹은 리본

❶ 포장하려고 하는 물체보다 종이를 가로 1.5배, 세
로 2.5배 크게 자르고 종이를 감싼 뒤 양면테이프
로 고정하세요.

❷ 아래쪽 종이를 안으로 접으세요.

❸ 한 번에 다 접는 것이 아니라 5분의 1씩 접어 아래
종이를 양면테이프로 고정하세요.

❹ 윗부분은 가볍게 비틀어서 끈으로 두르세요. 면 끈
에 와펜을 끼우고 리본을 묶으세요.

나뭇잎

가는 나뭇가지나 줄기를 살려 정교하게 자르면 작품의 완성도가 올라가요.
또 잎사귀의 잎맥을 따라 칼질을 하면 단순한 평면에서 자연스럽고 입체적인 나뭇잎이 되죠.
이렇게 만든 나뭇잎을 아크릴에 붙여 근사한 인테리어 소품으로 활용할 수 있답니다.

Meterial ⋯

○ 커팅매트 ○ 칼 혹은 아트나이프 ○ 도트봉 ○ 연필 ○ 지우개

🌸 가는 줄기가 있는 잎

How to make ⋯

01

안쪽의 작은 부분부터 자른 뒤 외곽선을 자르세요.

🌸 잎맥이 있는 잎

How to make ⋯

01

외곽선을 따라 자르세요.

02

연필로 가운데부터 뻗어 나가는 잎맥을 그리세요.

03

연필선을 따라 칼로 살짝 그어 칼선을 만들거나 도트봉으로 눌러 그리세요.

04

지우개로 남은 연필 자국을 지워주세요. 칼선 혹은 도트봉으로 눌린 자국을 따라 살짝 접으세요.

나뭇잎을 활용한 플랜팅 액자 🌿 ....

Meterial ···· ○ 커팅매트 ○ 칼 혹은 아트나이프 ○ 자 ○ 양면테이프 ○ A4 크기의 아크릴 액자

❶ 액자의 모서리 장식을 자르세요.

❷ 아크릴에는 흠집을 방지하기 위해 보호 필름이 있어요. 한쪽 면의 보호 필름만 제거하세요.

❸ 보호 필름을 벗긴 쪽에 잎과 모서리 장식을 양면테이프로 붙이세요.

❹ 아크릴에 남은 보호 필름을 벗기세요.

Tip ....

아크릴 소재에 종이를 붙일 때에는 양면테이프만큼 간편한 것이 없어요. 록타이트 종류의 접착제를 사용해도 되지만 아크릴에 묻을 경우 하얗게 변해 자국이 남을 수 있어서 한 번 실수를 하면 복구하기가 힘들어요. 반면 양면테이프는 자국이 남지 않고 잘못 붙이면 문질러서 쉽게 떼어낼 수 있답니다.

작은 씨앗 엽서

이번에는 세밀한 커팅이 필요한 작품을 만들어볼 거예요.
크기가 작을수록 작업하기는 어렵지만 만들고 보면 더 귀여워요.
엽서뿐 아니라 다이어리에, 일기에, 편지에 스티커처럼 붙여도 부담이 없어요.

Meterial ···

○ 커팅매트　○ 칼 혹은 아트나이프　○ 자　○ 목공풀

How to make ···

01

작은 크기 씨앗 도안부터 큰 도안 순으로 자르세요.

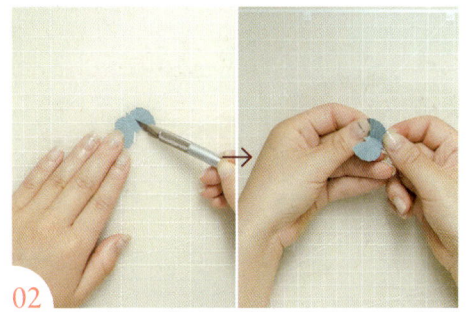

02

점선은 접을 수 있도록 칼선을 넣고 칼선을 따라 접으세요.

03

자를 대고 엽서 도안을 반듯하게 자르세요.

04

해바라기 씨앗은 줄무늬가 앞쪽으로 오도록 목공용 풀로 두 개를 겹쳐 붙여 엽서에 붙이세요.

05

버터플라이 씨앗은 날개의 입체감이 살도록 도안의 중심에 붙이세요.

06

수선화 씨앗은 꽃술을 먼저 붙이고 그 근처에 콕콕 찍듯 씨앗을 붙이세요.

happiness

paper cutting

artwork

happiness

Level

2

종이로
작품 만들기

레벨2에서는 좀 더 본격적인 작품을 만들어볼 거예요.
겹치기와 접기 기법 등이 추가되어 조금 복잡해 보일 수 있지만
차근차근 따라오기만 하면 어느새 익숙하게 만들 수 있을 거예요.
지금부터 입체적인 페이퍼크래프트에 도전해보아요.

미니 화분 액자

방 안에 녹색이 주는 싱그러움을 느끼고 싶지만 화분을 키우는 것이 자신 없다면 미니 화분을 만들어보세요.
식물의 표정을 따라 섬세하게 자르다 보면 어느새 화분 하나가 뚝딱.
겹치기 기법으로 앙증맞은 꽃까지 내손으로 만들 수 있어요.

Meterial …

○ 커팅매트 ○ 칼 혹은 아트나이프 ○ 자 ○ 목공용 풀

How to make …

01

식물과 화분의 도안을 따라 자르세요.

02

각 식물별로 화분까지 도안에 적힌 번호 순서에 따라 붙이세요.

03

종이 액자와 액자 거치대를 자르세요. 점선에는 칼선을 넣고 접으세요. 칼선을 넣을 때에는 칼을 쥔 손에 힘을 빼고 칼질하세요.

04

지지대를 반으로 접어 풀로 붙인 뒤 액자 뒷면 홈에 끼우세요.

05

완성된 뒷면 테두리와 홈으로 끼운 지지대에 목공용 풀을 바르고 앞면을 붙이세요. 이때 모서리 두 개를 먼저 맞춘 뒤 밀어 올리듯 붙이세요.

06

액자의 앞면에 미니 화분을 붙이세요.

페이퍼 마크라메

감성지수를 올려주는 마크라메는 원래 끈을 매듭지어 여러 무늬를 만드는 공예예요.
하지만 우리는 종이로 만들어볼 거예요.
얼핏 보기에 패턴이 복잡해 어려울 것 같아도 반복적인 작업이기 때문에 따라하다 보면 쉽게 완성할 수 있어요.

Meterial ⋯

○ 커팅매트 ○ 칼 혹은 아트나이프 ○ 풀

How to make ⋯

01

나무 막대와 걸이용 도안을 자르고 마크라메 문양을 안쪽부터 자르세요.

02

풀로 막대 모양에 마크라메 끝을 잘 맞추어 붙이세요.

03

나무 막대 뒤쪽으로 걸이를 붙여 고정하세요.

파랑새

겹쳐 붙이기와 접기 기법으로 싱그러움을 더하는 작은 새를 만들어보아요.
오리기의 난이도는 어렵지 않지만 종이가 겹쳐지고 접혔을 때 생기는 입체감과 무게감을 느껴볼 수 있어요.
줄을 꿰어 천장에 걸어 놓으면 팔랑팔랑 핑그르르. 보기만 해도 기분이 좋아져요.

Meterial ···

○ 커팅매트 ○ 칼 혹은 아트나이프 ○ 자 ○ 목공용 풀 ○ 바늘 ○ 흰 실

How to make ···

01

선을 따라 자르세요.

02

점선을 따라 날개 가운데 세 곳에 칼선을 넣으세요.

03

칼선을 따라 접어 날개가 펼쳐진 모양이 되도록 만드세요.

04

바늘에 실을 꿰어 몸통 안에서 등으로 바늘을 통과하세요.

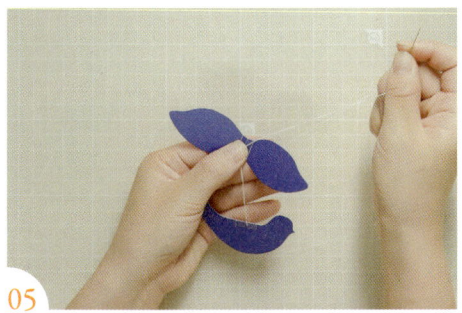

05

같은 바늘로 날개의 가운데를 통과하세요.

06

몸통의 등과 날개의 가운데를 정확하게 맞춘 후 표시된 곳에 목공용 풀을 발라 몸통과 날개를 고정하세요.

Tip

파랑새는 종이로 만들어 가벼워서 아무 곳에나 매달 수 있다는 것이 장점이에요. 고정을 할 때는 꼭꼬핀이나 테이프를 사용하세요.

여러 모양의 상자

작은 물건들을 모아서 보관할 때, 작은 크기의 선물을 할 때 마땅한 용기가 없어 불편했던 적이 있나요?
페이퍼크래프트로 간단하게 맞춤형 상자를 만들 수 있어요.
오리고 접고 붙이면 끝. 세상에 하나밖에 없는 나만의 핸드메이드 상자를 만들어보세요.

Meterial ···

○ 커팅매트 ○ 칼 혹은 아트나이프 ○ 자 ○ 목공용 풀

 사각 상자

How to make ···

01

본체의 외곽선을 사각으로 자른 후 둥근 모서리를 자르세요. 안쪽의 실선도 모두 자르세요.

02

점선을 따라 칼선을 넣은 후 이를 따라 접으세요.

03

옆면의 날개에 목공용 풀을 발라서 붙이세요.

04

뚜껑도 본체와 같은 방법으로 만든 후, 안으로 접는 부분에 목공용 풀을 꼼꼼히 발라 붙이세요.

05

풀이 완전히 마르기 전에 본체에 뚜껑을 덮어 모양을 잡으세요.

🌸 하트 상자

How to make

01

도안의 실선을 따라 자르고 점선을 따라 칼선을 넣으세요.

02

칼선을 따라 접은 뒤 두 개의 옆면 도안을 이어붙이세요.

03

옆면을 하트 모양으로 만들고 날개에 목공용 풀을 발라 붙이세요.

04

모양이 흐트러지지 않도록 세워둔 옆면을 잡고 하트 모양 도안을 붙이세요.

05

뚜껑과 같은 방법으로 본체를 만들어 완전히 마르기 전에 덮어 모양을 잡으세요.

Tip

앞에서 만든 와펜을 활용해서 상자를 꾸며보세요.

리스

잎사귀가 있는 가지를 여러 장 잘라 겹치면 귀여운 리스를 만들 수 있어요.
지친 하루를 마치고 들어오는 당신을 언제나 푸르게 반겨줄 거예요.

Meterial ···

○ 커팅매트 ○ 칼 혹은 아트나이프 ○ 목공용 풀 ○ 연필

How to make ···

01

식물 도안과 글씨 모두 안쪽을 먼저 자르고 외곽을 따라 자르세요.

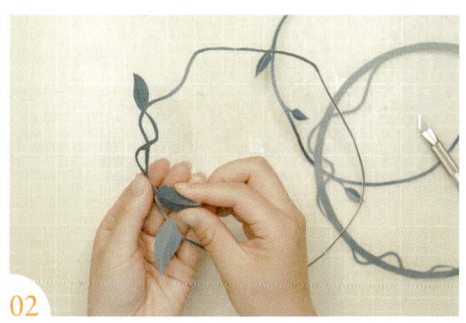

02

잎사귀에 연필로 잎맥을 그리고 이를 따라 칼선을 넣은 뒤 접으세요.

03

도안의 번호 순서대로 포갠 뒤 겹쳐진 곳에 목공용 풀을 발라 붙여주세요.

Tip ────────

벽에 붙일 때는 양면테이프를 사용하여 리스를 먼저 붙이고 글씨를 나중에 붙여야 가운데에 예쁘게 붙일 수 있어요.

나비 모빌

침대 위에 걸어 두어도 좋고 바람이 부는 창문 앞에 걸어 두어도 좋은 나비 모빌을 만들어보아요.
바쁜 일상 속 잠시라도 근심 걱정을 내려놓고 살랑살랑 움직이는 모빌을 보며 위안을 받아보세요.

Meterial ⋯

○ 커팅매트 ○ 칼 혹은 아트나이프 ○ 자 ○ 목공용 풀 ○ 바늘 ○ 흰 실

How to make ⋯

01

나비의 삼각 구멍을 자른 뒤 모든 외곽선을 따라 자르세요.

02

점선을 따라 칼선을 넣으세요. 칼선을 넣을 때 아트나이프가 익숙하지 않아 쉽게 잘린다면 커터 칼을 사용해 칼선을 넣으세요.

03

실을 70cm로 여섯 가닥 자른 뒤, 모두 합쳐 끝에서 15cm 지점에 매듭을 묶으세요. 실을 모빌 지붕의 위 판 중심에 끼워 매듭이 걸릴 때 까지 잡아당기세요.

04

풀을 발라 지붕을 만드세요.

05

지붕 위 판의 접힌 부분에 목공용 풀을 바른 뒤 여섯 가닥의 실에서 한 가닥씩 늘어뜨리세요. 그리고 지붕의 아래 판에도 목공용 풀을 발라 위 판에 붙이세요. 이때 지붕을 뒤집어 놓고 붙여야 늘어뜨린 실을 제자리에 고정해서 붙이기 쉬워요.

06

늘어뜨린 실을 바늘에 꿰어 나비, 구슬 순으로 엮으세요.

paper cutting

artwork

Level

3

입체 작품
만들기

레벨 3에서는 난이도를 높여볼게요. 앞서 만들어본 복잡한 자르기, 겹치기,
접기 기법은 물론, 복잡한 칼선을 추가해 입체 작품도 만들어볼 거예요.
이 과정을 통해 여러분도 완성도 높은 입체 작업이 가능해질 거예요.

드림캐쳐와 선캐쳐

나쁜 일은 그물에 걸리게 해주는 드림캐쳐와 밝은 햇빛을 퍼트려주는 선캐쳐입니다.
그물을 표현하는 복잡하고 가는 원 도안과 태양, 깃털 등은 매우 고난이도의 커팅이 필요해요.
섬세한 커팅으로 나만의 완성도를 높여보세요.

○ 커팅매트 ○ 칼 혹은 아트나이프 ○ 실

🌸 드림캐쳐

How to make ⋯

01

도안을 따라 안쪽부터 모든 모양을 자르세요. 복잡한 모양일수록 꼭 안쪽부터 잘라야 하는 것을 잊지 마세요.

02

실의 한쪽 끝을 깃털에 돌돌 감아 묶으세요.

03

반대쪽 끝은 장식에 여러 번 꿰어 고정시키세요. 이때 장식은 실의 전체 길이에서 절반 정도 위치하게 하세요.

04

3번의 실을 원형 모티브와 연결해 묶으세요.

05

20cm 정도 실을 잘라 위쪽에 묶어 걸 수 있는 고리를 만드세요.

선캐쳐

01

도안을 따라 안쪽부터 모든 모양을 자르세요.

02

실로 모티브들을 일렬로 꿰세요.

03

20cm 정도 실을 잘라 위쪽에 묶어 걸 수 있는 고리를
만드세요.

Tip ────────────────────────

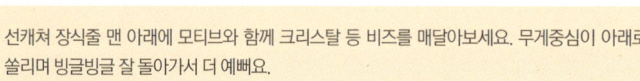
선캐쳐 장식줄 맨 아래에 모티브와 함께 크리스탈 등 비즈를 매달아보세요. 무게중심이 아래로
쏠리며 빙글빙글 잘 돌아가서 더 예뻐요.

아네모네와 장미

단조로운 꽃잎에 섬세한 칼선을 더 하니 한 송이 꽃이 피어납니다.
창틀에, 화장대 위에 놓아 분위기를 바꿔보세요.

Meterial ···

○ 커팅매트 ○ 칼 혹은 아트나이프 ○ 목공용 풀 ○ 연필

🌸 아네모네

How to make ···

01

외곽선을 따라 자르세요.

02

꽃잎에 칼선을 넣어 구부리세요. 접는다는 느낌보다는
구부린다는 느낌이에요.

03

수술을 하나 건너 하나씩 위로 꺾으세요.

04

꽃잎의 가운데에 목공용 풀을 발라 서로 엇갈리게 세
장을 겹쳐 붙이고 제일 위에는 수술을 붙이세요.

장미

How to make ···

01

외곽선을 따라 자르세요.

02

점선을 따라 칼선을 넣으세요.

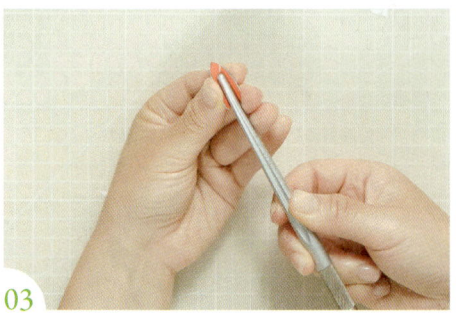

03

낱장으로 된 꽃잎은 가장 안쪽 꽃잎이 될 거예요. 연필 등을 이용해 세로로 마세요.

04

칼선을 넣은 꽃잎들의 끝부분이 바깥을 향하도록 가로로 마세요.

05

목공용 풀을 아래쪽에 발라 낱장 꽃잎을 둥그렇게 붙이세요.

06

도안의 번호 순대로 덧대어 붙이세요.

07

꽃받침을 둥글게 말아 붙이고 그 위에 잎사귀를 올리세요.

08

꽃받침 중앙에 꽃잎이 잘 맞도록 하여 붙이세요.

테라리움

이제 물 주는 걱정, 시드는 걱정 없이 늘 푸르고 싱싱한 다육 식물을 만나보세요.
그리고 내가 만든 다육 식물로 만드는 또 하나의 작은 세상, 테라리움까지 만들어보아요.

Meterial …

○ 커팅매트 ○ 칼 혹은 아트나이프 ○ 목공용 풀 ○ 테라리움 장식(모래, 조개껍질 등)

🌸 다육 식물

How to make …

01

외곽선을 따라 자른 후, 점선을 따라 칼선을 만드세요.

02

잎사귀를 뒤집어 칼선을 따라 살짝 접어, 다육 식물의 잎을 입체적으로 만드세요.

03

가운데에 풀을 바르고 같은 크기의 잎끼리 서로 어긋나게 붙이세요.

04

가운데에 풀을 바르고 가장 큰 잎부터 크기 순서대로 쌓으며 붙이세요.

🌸 탈란드시아

How to make …

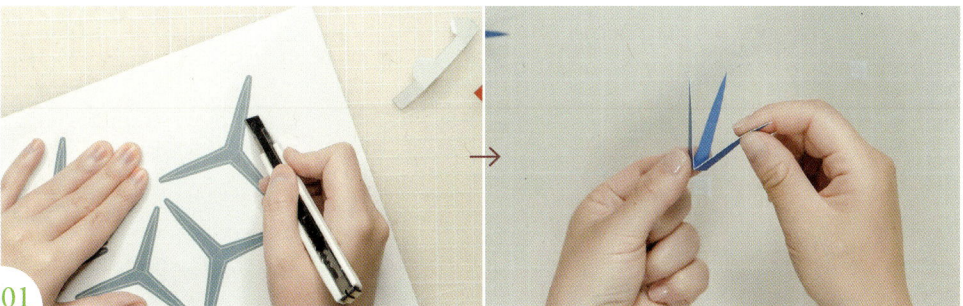

01

외곽선을 따라 자른 후, 점선을 따라 안쪽으로 접으세요.

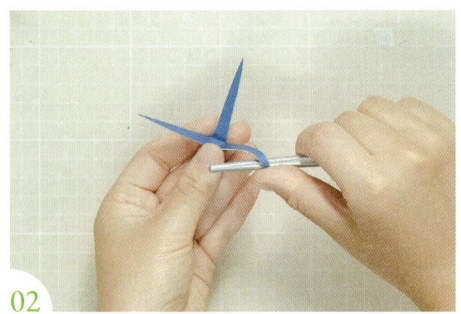

02

연필 등을 이용해 잎을 바깥으로 살짝 마세요.

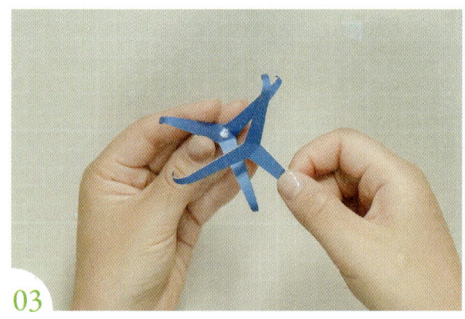

03

같은 크기의 잎끼리 차곡차곡 붙인 후 잎 끝을 매만져
살짝 어긋나게 만드세요.

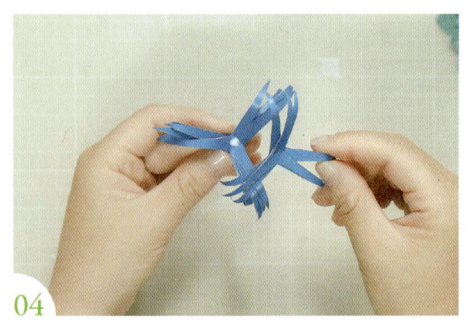

04

가장 큰 잎부터 크기 순서대로 쌓으며 붙이세요.

05

잎을 매만져 자연스럽게 만드세요.

 작은 집

How to make ⋯

01

벽을 접어 붙이세요.

02

지붕에 목공용 풀을 발라 벽에 붙이세요.

큰 집

How to make …

01

큰 집 벽 도안 네 장을 이어 붙여 입체로 만드세요.

02

지붕을 붙이세요.

03

바닥 도안을 입체로 민드세요.

04

비닥에 굵은 모래 등을 깔고 다육 식물, 틸란드시아, 작은 집 등을 넣어 꾸민 뒤 큰 집을 끼워 완성하세요.

조명 스탠드

방 한 켠, 복도 한 켠에 은은하게 빛나는 조명 하나로 집안 분위기가 확 달라지죠.
비싼 조명을 살 것 없이 내가 직접 조명 스탠드를 만들면 어떨까요.

Meterial ⋯

○ 커팅매트 ○ 칼 혹은 아트나이프 ○ 자 ○ 목공용 풀 ○ 건전지형 LED전구 ○ 양면테이프

How to make ⋯

01

도안대로 안쪽부터 바깥쪽 순으로 자르세요.

02

네 개의 도안을 목공용 풀로 이어 붙여 입체로 만드세요.

03

밑면을 붙이세요.

04

뚜껑의 안쪽에 배터리를 양면테이프로 고정한 뒤 붙이세요.

05

손잡이를 붙이세요.

네잎클로버 팝업 카드

손으로 직접 꾹꾹 눌러 쓴 편지는 어떤 말보다 위로가 되기도 합니다.
오늘은 소중한 사람에게 쓸 카드를 직접 만들어보면 어떨까요. 행운을 전하는 네잎클로버와 함께요.

Meterial ···

○ 커팅매트 ○ 칼 혹은 아트나이프 ○ 자 ○ 목공용 풀

How to make ···

01

클로버 잎을 자르세요.

02

클로버 잎 두 장을 십자로 붙이세요.

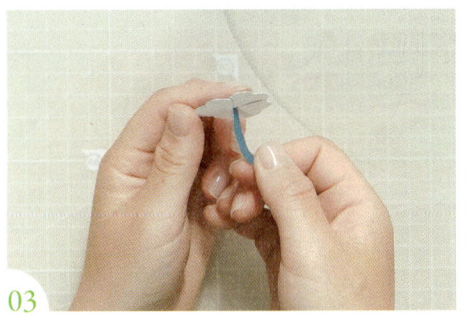

03

잎의 뒷면 가운데에 줄기를 붙이세요.

04

카드 도안을 자르세요.

05

도안 안쪽의 실선을 따라 자르고 팝업 구조를 만드세요.

06

네잎클로버를 팝업 구조의 오른쪽에 붙이세요.

07

풀을 발라 카드 겉면과 속면을 붙이세요.

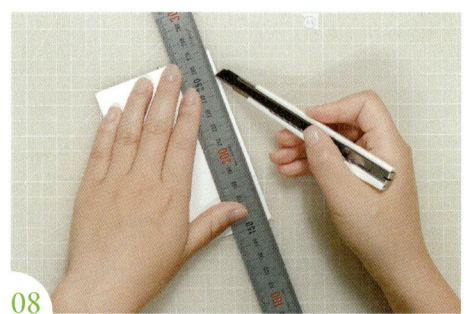

08

카드를 접어서 끝부분을 자를 대고 잘라 정리하세요.

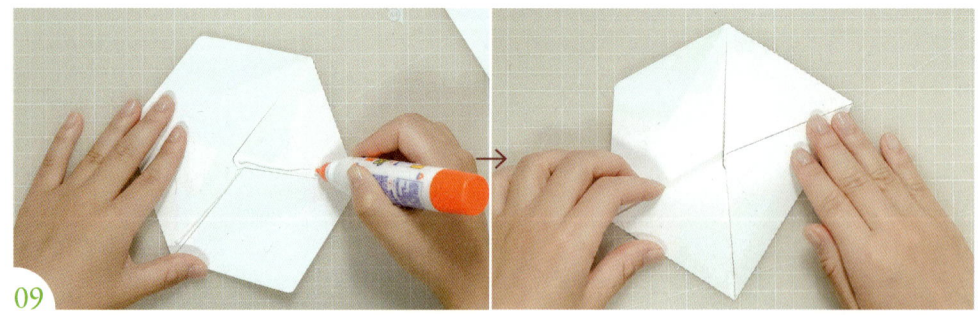

09

봉투 도안을 잘라 날개 3면을 가운데로 모으고 목공용 풀로 붙이세요.

상자 카드

편지인가? 봉투를 열어 꺼내보니 접혔던 상자가 짜잔.
이렇게 커다란 상자가 어떻게 납작한 봉투 안에 들어 있었을까.
찬찬히 살펴보다 보니 정성껏 쓴 메시지 카드 한 장. 돈 워리 비 해피.

Meterial ···

○ 칼 혹은 아트나이프 ○ 목공용 풀

How to make ···

01

도안을 따라 자르세요.

02

상자 도안 한쪽 면에 장식 도안을 약 1cm간격으로 붙이세요.

03

메세지 카드를 담을 주머니를 붙이고 메시지 카드를 끼우세요.

04

남은 한쪽 면도 상자에 붙이세요.

05

완성된 상자를 한쪽으로 밀어 누르면 납작하게 되어요. 이 상태로 봉투에 넣으세요.

06

봉투 도안을 잘라 점선대로 접은 후 양쪽 날개에 목공용 풀을 발라 붙이세요.

paper cutting

artwork

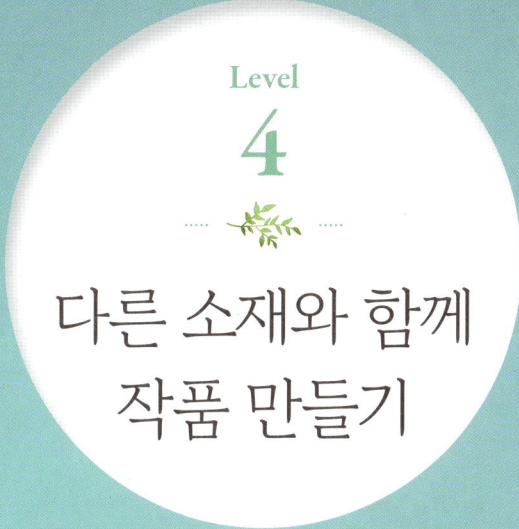

Level

4

다른 소재와 함께
작품 만들기

이제까지 종이로 다양한 작품을 만들었어요. 어느새 종이를 다루는 것이 익숙해졌을 거예요.
그렇다면 이제는 종이에 다른 소재를 더한 작품을 만들어 볼까요?
천에다가 자수를 놓듯 종이에 자수를 놓을 거예요. 그럼 차근차근 따라오세요.

자수 준비물과 방법

감성 충만 프랑스 자수를 페이퍼크래프트와 접목해볼 거예요.
그러기 위해선 우선 자수용품 준비물이 필요해요.

자수 준비물

자수 실
실은 천에 놓는 자수 실을 그대로 사용하면 되어요. 이 책에서는 DMC 사를 사용했습니다. 사용한 실의 색을 번호로 적어 놓았으니 같은 번호의 실을 구매하면 책과 같은 작품을 완성하실 수 있어요.
자수 실은 한 줄이 6가닥의 실로 구성되어 있어요. 우리는 이 실을 한 가닥씩 뽑아서 사용할 거예요. 기법에 따라 사용하는 가닥의 수가 다르기 때문에 주의 깊게 봐주세요.

바늘
종이는 천처럼 탄성이 없기 때문에 바늘귀와 바늘의 두께가 크게 차이 나지 않는 바늘을 사용하셔야 해요. 저는 보통 40개가 같이 들어 있는 자수 바늘을 사용해요. 사용하는 기법과 종이에 따라 다른 두께의 바늘을 사용한답니다. 이 책에서는 두 번째로 굵은 자수용 바늘을 사용할 거예요.

자수용 가위
가위는 용도에 맞춰 따로 준비하는 것을 추천해요. 종이용 가위로 실을 잘라도 되지만 자수 전용 가위를 사용한다면 더 편할 거예요. 자수용 가위는 실을 자를 때 사용하기 때문에 날이 짧은 것이 특징이에요. 또 끝이 매우 뾰족해서 실밥을 뜯어야 할 때 매우 편리해요. 종이 공예용 가위를 다른 용도로 사용하지 않는 것처럼 자수용 가위도 다른 용도로 사용하지 않는 것이 좋아요.

스펀지
도안을 따라 먼저 구멍을 뚫고 자수 작업을 해 주어야 종이가 구겨지지 않고 깔끔하게 자수를 놓을 수 있어요. 이때 종이를 구겨지지 않게 받치는 것이 스펀지예요. 니들 펠트용으로 나온 스펀지를 종이 아래에 받치고 사용하세요.

종이 타공법

스펀지를 밑에 대고 도안을 따라 타공하세요. 글씨를 수놓는 경우 실을 두 가닥만 사용하기 때문에 제일 가는 바늘을 사용하고 입체 자수의 경우 실을 여섯 가닥 모두 사용하기 때문에 굵은 바늘을 이용해서 타공하세요. 작품이 작을 경우 도안을 자르기 전에 타공하고 작품이 클 경우에는 자른 후 타공해도 문제없어요.

자수 기법

백스티치
테두리와 글씨를 표현할 때 많이 사용해요.

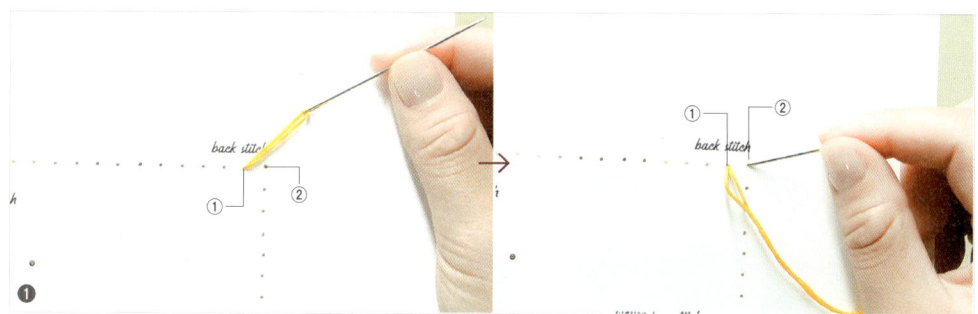

시작하는 곳에서 한 땀 뒤에서 바늘을 아래에서 위로 넣고 시작하는 곳으로 넣으세요.

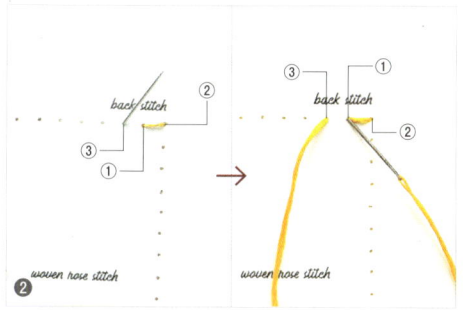

다시 한 땀 뒤에서 바늘을 넣어 앞쪽 구멍에 넣으세요.
이를 반복해서 선을 완성하세요.

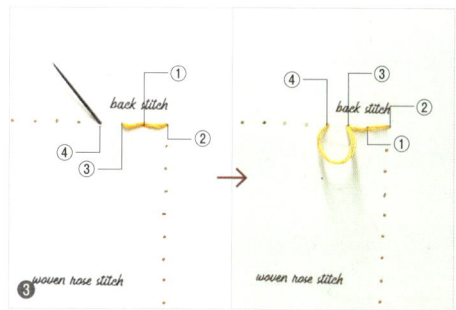

앞의 과정을 반복해서 선을 완성하세요.

레이지데이지스티치
한 땀만은 잘 사용하지 않고 여러 개로 모양을 만들어 얇은 별모양이나 통통한 하트 등 다양한 모양을 표현해요.

바늘을 아래에서 위로 통과시키세요.

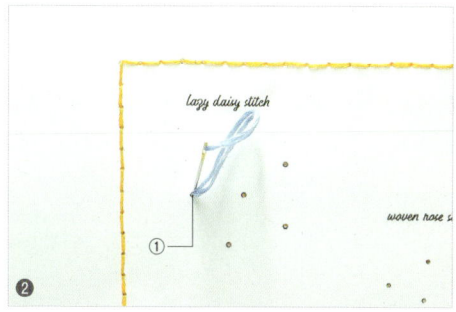

바늘이 통과한 구멍 ①로 다시 넣으세요. 이때 실을 끝까지 잡아당기지 말고 고리를 만드세요.

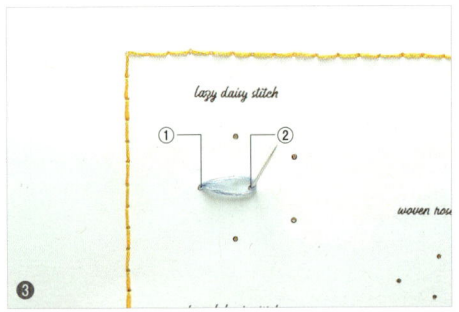

바늘을 구멍 ②로 빼면서 만들어둔 실 고리에 바늘을 걸으세요.

다시 바늘이 나온 구멍 ②로 바늘을 넣고 천천히 당겨 고리를 고정하세요. 이것이 레이지데이지스티치 한 땀 완성이에요.

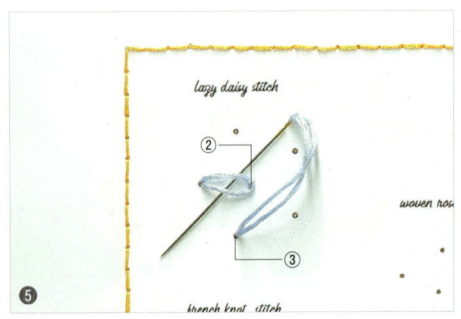

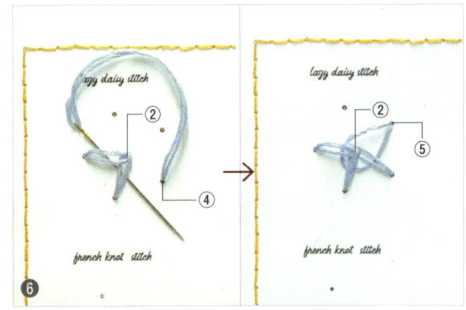

레이지데이지스티치를 여러 땀 모아 모양을 만든다면 ②의 고리를 중심으로 실을 엮으세요. ③에서 나온 실을 ② 고리에 걸고 다시 ③으로 바늘을 넣으세요.

④에서 나온 실을 ②의 고리에 걸고 다시 ④로 바늘을 넣으세요. 이렇게 총 다섯 땀을 만들면 별모양이 되어요.

우븐로즈스티치
도톰한 꽃 모양을 표현할 때 사용해요.

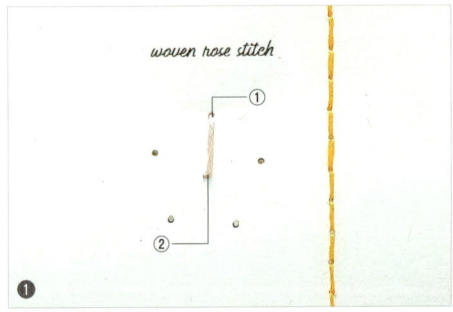

바늘을 아래에서 위로 1에서 빼서 2로 들어가 기둥 하나를 만들어요.

다른 네 개의 구멍 역시 똑같은 방법으로 각 구멍에서 바늘을 빼서 구멍으로 들어가요. 이렇게 총 다섯 개의 기둥이 만들어져요.

다시 ②로 바늘을 빼서 다섯 개의 기둥을 한 번은 아래로, 한 번을 위로 엮는 것을 반복하세요. 그럼 앞에서 바늘이 아래로 들어갔던 부분은 위로, 위로 들어갔던 부분은 아래로 들어가면 꽃 모양이 되어요.

다섯 개의 기둥이 보이지 않을 때까지 실을 엮은 뒤 바늘을 꽃 뒤로 찔러 종이 뒤에서 매듭짓고 마무리하세요.

프렌치너트스티치

씨앗, 꽃술 등을 표현할 때 주로 사용해요.

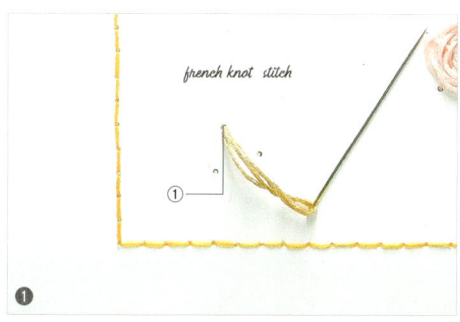

바늘을 아래에서 위로 빼세요.

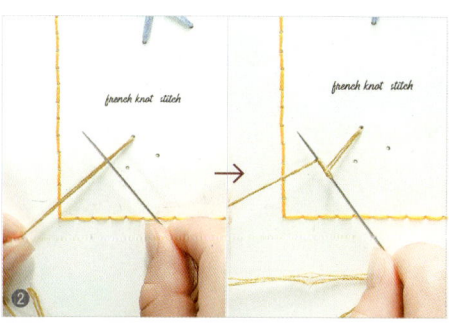

바늘을 실 위에 두고 3~4번 정도 감으세요. 이때 실을 잡아 당겨 바늘에 촘촘히 감기도록 만드세요.

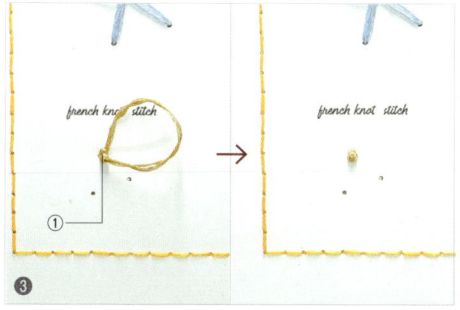

바늘을 다시 나왔던 구멍 ①로 넣어 당기세요.

Tip

종이에 자수를 할 때는 너무 힘껏 잡아당기면 찢어져요. 종이가 찢어지지 않도록 주의하세요.

자수 책갈피

책 사이 끼워놓은 낙엽을 마주친 적이 있나요?
종이 자수 책갈피는 어떠세요?

Meterial ⋯

○ 커팅매트 ○ 칼 혹은 아트나이프 ○ 스펀지 ○ 바늘 ○ 자수용 가위

○ 자수실(dmc 3363, 472) 각 3가닥

How to make ⋯

01

도안을 적당히 잘라 타공을 하세요. 이때 잎맥이 그려져 있는 도안이 앞면입니다. 잎맥을 먼저 타공하세요.

02

앞면과 뒤면 모두 도안을 따라 자르세요.

03

백스티치로 잎맥을 먼저 수놓으세요. (p69 참조)

04

뒤면을 합쳐 두 장의 테두리를 백스티치로 수놓으세요.

05

손가락 세 개에 실을 10바퀴 정도 감으세요. 나뭇잎 끝에 달 술이니 더 통통하게 만들고 싶으면 실을 더 감으면 되어요.

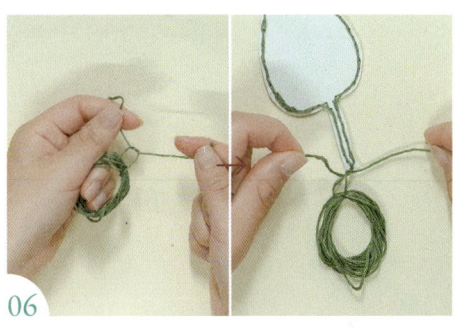

06

손가락에서 실을 빼어 중심을 두 번 묶어 고정한 뒤, 나뭇잎의 제일 끝 구멍에 바늘로 통과시켜 묶으세요.

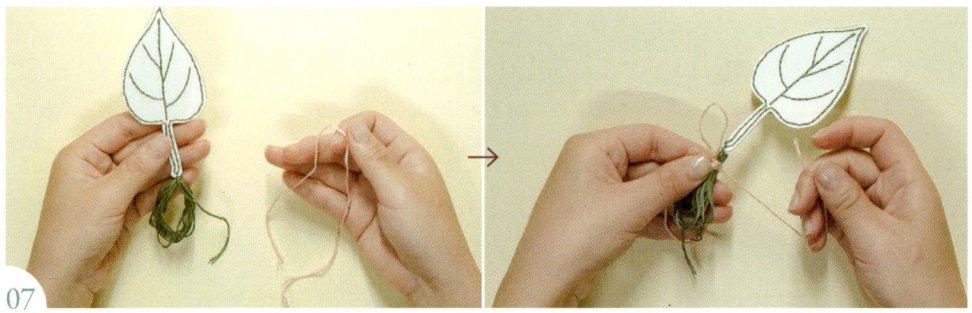

07

30cm 길이의 실을 한쪽은 길게, 다른 쪽은 짧게 하여 고리를 만드세요. 그리고 태슬 위쪽에 두고 긴쪽 줄로 촘촘히 감으세요.

08

감던 실을 10cm정도 남기고 고리에 넣고 팽팽하게 당긴 후 매듭을 지세요.

09

실을 짧게 잘라 정리하세요.

10

태슬의 밑단을 원하는 길이로 자르세요.

작은 꽃 자수 액자

작은 꽃이 사랑스러운 액자를 만들어보아요.
액자 받침을 연결하지 않으면 정성 가득한 마음을 담은 엽서로 활용할 수도 있어요.

Meterial ⋯

○ 커팅매트 ○ 칼 혹은 아트나이프 ○ 자 ○ 목공용 풀 ○ 스펀지 ○ 바늘 ○ 자수용 가위

○ 글씨 자수용 실(dmc 3045,) 3가닥 ○ 꽃 자수용 실(데이지-dmc 972 / 라큘런스-dmc 581, 352) 6가닥

How to make ⋯

01

도안을 따라 자르세요.

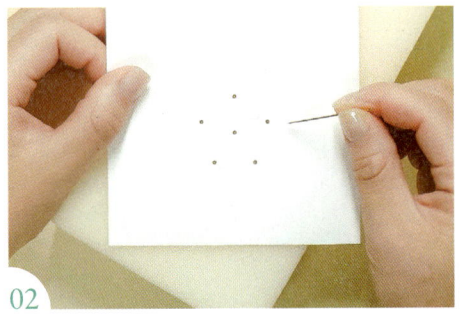

02

도안을 따라 타공하세요.

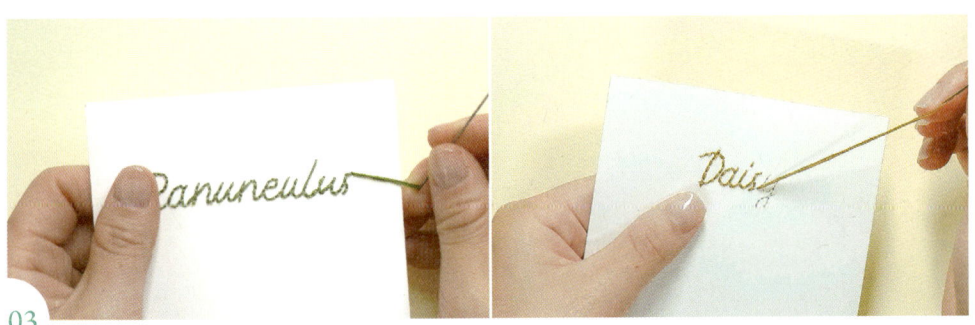

03

글씨를 백스티치로 수놓으세요.

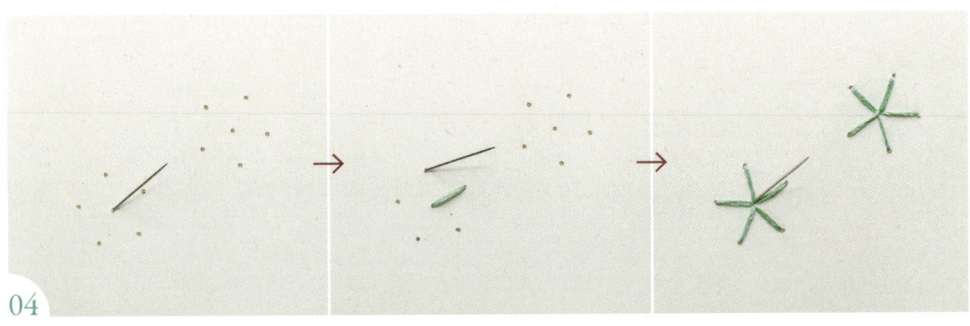

04

라넌큘러스는 우븐로즈스티치로 수놓으세요.(p70~71 참조) 기둥이 되는 부분은 녹색 실(dmc 3363)을 사용하세요.

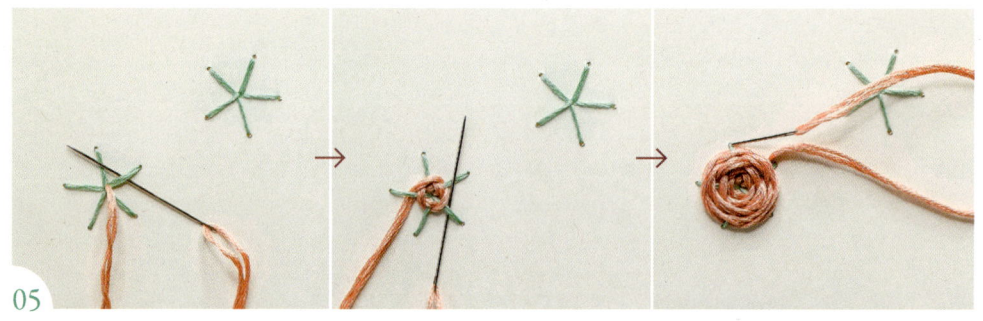

05

꽃잎을 시작하기 전 분홍색 실(dmc 353)로 실을 바꾸세요. 우븐로즈스티치에서 기둥과 꽃잎의 색을 다르게 하면 잎사귀와 꽃잎처럼 보여요.

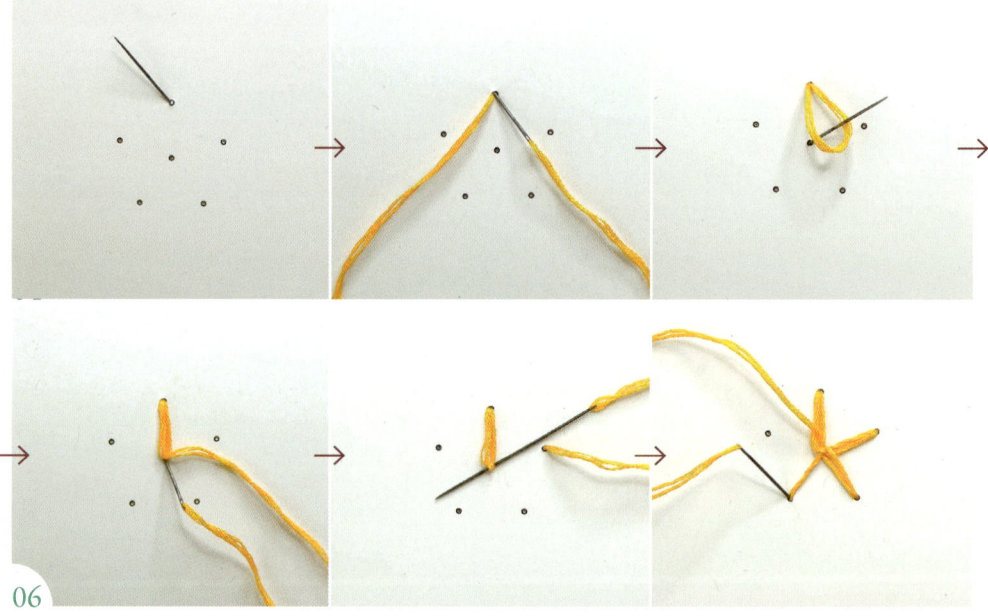

06

데이지는 레이지데이지스티치로 수놓으세요.(p69~70 참조)

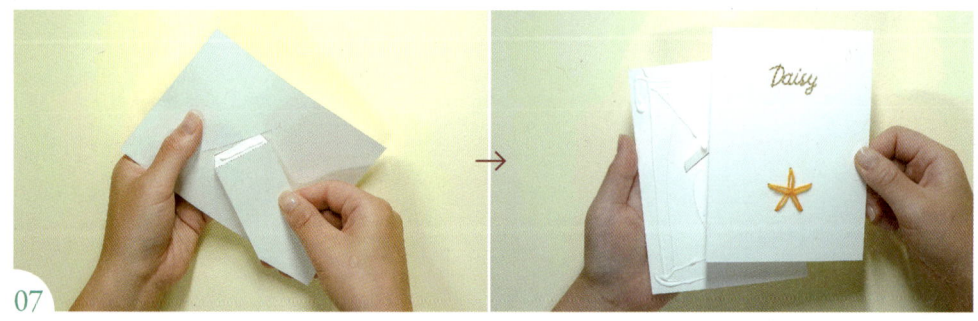

07

뒷면의 홈에 액자 지지대를 끼우고 자수를 놓은 앞면에 붙이세요.

코스터

따뜻한 차 한 잔이 필요할 때 보는 것만으로도 기분이 좋아지는
자수 코스터를 만들어 보아요.

Meterial ···

○ 커팅매트 ○ 칼 혹은 아트나이프 ○ 자 ○ 스펀지 ○ 바늘 ○ 자수용 가위

○ 외곽선용 실(dmc 352, 472) 3가닥 ○ 모양 자수용 실(dmc 352, 972) 3가닥

How to make ···

01

도안을 따라 코스터를 자른 후 스펀지 위에서 타공하세요. 타공을 할 때도 안쪽에 도안이 있다면 안쪽부터 바깥 순으로 해야 해요.

02

코스터 안쪽 자수를 먼저 놓으세요. 타공한 구멍을 따라 레이지데이지스티치를 한 땀씩 어슷하게 수놓으면 여러 개의 작은 잎사귀가 달린 가지가 되어요. (p69~70 참조)

03

작은 꽃 도안도 구멍을 따라 레이지데이지스티치를 수놓으세요.

04 가운데로 바늘을 빼서 프렌치너트스티치를 수놓으세요.(p71 참조) 나머지 꽃도 같은 방법으로 레이지데이지스티치와
프렌치너트스티치를 수놓으세요.

05 레이지데이지스티치가 끝나면 줄기와 외곽선을 백스티
치로 수놓으세요.(p69 참조)

Tip

완성된 코스터는 차가운 음료보다는 뜨거운 음료 전용으로 사용하도록 하세요.

자수 봉투

소중한 내 마음을 담아 사랑하는 사람에게 전하면 좋을 사랑스러운 자수 봉투입니다.
무엇을 담아도 참 예쁩니다. 지금 만들어보아요.

Meterial …

○ 커팅매트 ○ 칼 혹은 아트나이프 ○ 자 ○ 스펀지 ○ 바늘 ○ 자수용 가위 ○ 목공용 풀

○ 글씨 자수용 실(dmc 310) 3가닥 ○ 모양 자수용 실(dmc 353) 6가닥 ○ 리본 혹은 끈

How to make …

01

도안을 간단하게 잘라 스펀지 위에 올리고 도안대로 타공하세요.

02

도안을 따라 실선은 자르고 점선에는 칼선을 넣으세요.

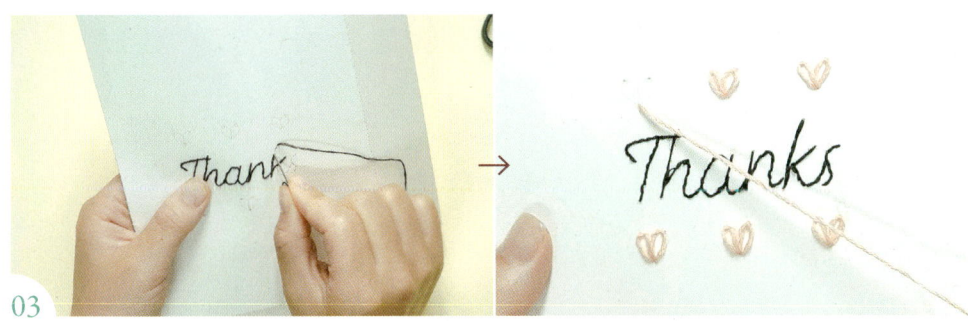

03

글씨는 백스티치(p69 참조)로 완성하고, 레이지데이지스티치(p69~70 참조)를 두 땀만 수놓아 하트를 만드세요. 이때 글씨부터 수를 놓고 바깥쪽에 있는 하트를 수놓아야 해요.

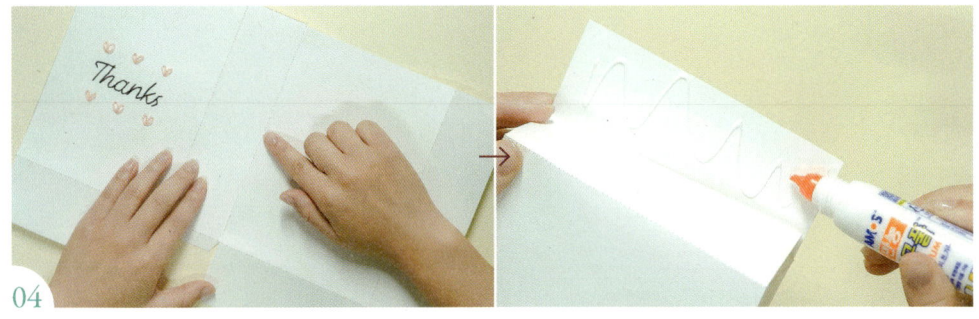

04

자수가 있는 앞면과 없는 뒷면의 양옆을 먼저 풀로 붙이고 아래를 붙이세요.

05

칼집 사이에 리본 혹은 끈을 넣어 묶으세요.

Tip

Meterial ···· ○ 스펀지   ○ 바늘   ○ 목공용 풀   ○ 글씨용 실(dmc 310) 3가닥   ○ 입체 자수용 실(dmc 353) 3가닥

앞에서 만들었던 상자(p36 참조)의 뚜껑에도 자수를 놓아보세요. 상자 뚜껑에 자수 놓을 모양을 타공하고, 자수를 놓고, 풀로 붙여주면 밋밋했던 상자가 소중한 보관함으로 변신!

❶ 도안을 따라 타공하세요.

❷ 백스티치로 글씨를 수놓고, 레이지데이지스티치로 하트를 수놓으세요.

❸ 날개에 풀을 칠해 상자를 만드세요.

❹ 뚜껑이 완전히 마르기 전 본체에 덮어 모양을 잡으세요.

수채화 자수 부케

그리기, 수놓기, 만들기를 모두 해야 하는 수채화 자수 액자에요.
수채 염료로 면을 채우는 기법인 채색 자수는 종이에 더 어울리는 자수 기법입니다.
간단한 자수와 채색만으로도 고급스러운 분위기의 작품을 만들 수 있어요.

Meterial …

○ 칼 혹은 아트나이프 ○ 자 ○ 수채화 물감 ○ 수채화용 붓 ○ 물통 ○ 물(500cc) ○ 스펀지 ○ 바늘

○ 자수용 가위 ○ 자수실(dmc 157) 6가닥

🌸 꽃 채색

How to make …

01

수채화 붓으로 색을 칠할 곳에 먼저 물을 바르세요.

02

물이 마르기 전에 물감을 묻힌 붓으로 꽃의 끝 부분을 살짝 찍으세요. 미리 발라놓은 물 때문에 물감이 번지며 자연스러운 그러데이션이 생겨요.

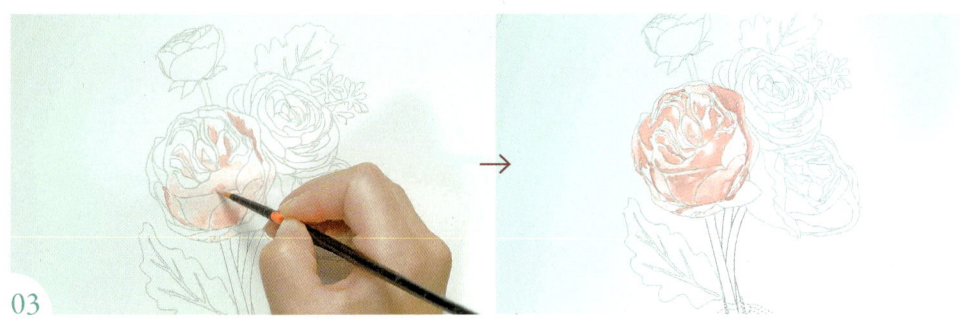

03

그러데이션이 다 마르고 난 뒤 붓의 끝을 이용해서 꽃잎의 밑 부분을 칠해 음영을 잡으세요.

04

중심에 있는 꽃을 먼저 작업하고 주변 꽃들을 같은 방식으로 작업하세요.

05

주변 꽃을 작업하는 동안 처음에 칠한 중심 꽃이 말랐을 거예요. 그럼 한 번 더 색을 덧칠하세요. 다른 꽃도 마르면 마찬가지로 한 번 더 덧칠하세요.

06

잎도 꽃처럼 먼저 물을 바르고 가장자리를 칠하세요. 물기가 마르기 전에 더 진한 초록색으로 한 번 더 콕 찍으세요.

07

줄기를 칠하세요.

08

진한 초록색을 만들어서 잎의 가장자리를 먼저 칠하세요.

09

붓에 물만 묻혀서 테두리에서 안쪽으로 살살 문질러 그러데이션을 만들어요. 물론 꽃잎과 같은 방식으로 해도 되어요.

10

꽃받침과 작은 봉오리는 스케치를 따라 그린다는 느낌으로 색칠하세요.

11

색이 너무 진하게 칠해진 경우, 붓에 살짝 물을 묻혀 칠
하세요. 이때 물이 너무 많으면 종이가 찢어질 수 있으
니 주의하세요.

🌸 리본 수놓기

How to make ⋯

01

그림이 다 마르면 스펀지 위에 올려서 타공하세요.

02

구멍을 따라 백스티치로 리본 모양을 수놓으세요.(p69
참조)

Happy Birthday

paper cutting

artwork

Special Level

····· ·····

파티에 어울리는
소품 만들기

아주 간단한 오리기부터 입체 만들기를 거쳐 자수와 채색까지.
이제 페이퍼크래프트에 완벽하게 익숙해졌겠죠?
이번 장에서는 그동안 우리가 만든 모든 단계를 한데 모아 특별한 시간을 만들 거예요.
주제는 신나는 파티! 그럼 지금 바로 시작할까요?

파티 갈런드

파티하면 갈런드죠. 쓱싹쓱싹 세모 혹은 네모로 잘라서
실에 연결해 걸어두기만 해도 파티 분위기가 물씬,
덩달아 기분도 신이 납니다.

Meterial ⋯

○ 커팅매트 ○ 칼 혹은 아트나이프 ○ 자 ○ 가위 ○ 면 끈 ○ 목공용 풀

How to make ⋯

01

도안을 따라 자르세요.

02

면 끈을 1m 정도로 자르세요.

03

잘라둔 도안에 목공용 풀을 이용하여 끈에 쭉 이어붙이
세요.

레터링 케이크 토퍼

케이크 위에 초 대신 근사한 레터링 토퍼는 어때요.
이름을 적어도 좋고 축하의 한마디를 적어도 좋아요.

Meterial ⋯

○ 커팅매트 ○ 칼 혹은 아트나이프 ○ 긴 막대(산적용 꼬치, 디퓨저용 스틱 등) ○ 목공용 풀

How to make ⋯

01

도안의 글씨를 안쪽부터 바깥 순으로 자르세요. 토퍼로 사용할 문구는 가급적 영문이 좋아요. 한글은 받침이 있어서 글자끼리 예쁘게 연결시키기가 어렵거든요.

02

문구의 뒷면에 목공용 풀을 바른 막대를 붙이세요.

Tip

토퍼로 사용할 막대는 길어야 해요. 이쑤시개는 길이가 짧아서 케이크에 꽂을 때 모양이 안 잡혀요. 꼭 길이가 긴 산적용 꼬치나 디퓨저용 스틱 등 긴 막대를 사용하세요.
또 나무에 종이를 붙이면 고정될 때까지 시간이 걸리기 때문에 사용 전 풀이 다 말랐는지 확인하고 사용하세요.

테이블 이름표

파티 테이블을 꾸밀 때
초대된 사람들의 이름표를 만들어 장식해 보세요.
이 간단한 방법만으로도 고급 레스토랑에 온 느낌을 줄 거예요.

Meterial ···

○ 커팅매트 ○ 칼 혹은 아트나이프 ○ 자 ○ 테이프

How to make ···

01

도안대로 이름표, 나뭇잎, 웰컴메세지, 종이 띠를 자르
세요.

02

이름표의 점선을 따라 칼선을 넣고 접으세요.

03

이름을 적으세요.

04

포크와 나이프를 모아 종이 띠를 두르고 테이프로 고정
하세요.

05

나뭇잎과 웰컴 문구로 꾸미세요.

Tip

리본이 있다면 식기를 한 번 묶어주거나, 리본 모양으로 묶어
장식하면 좋아요.

파티 프롭스

파티에 유쾌함을 더해줄 프롭스.
머리에 얹고 코에 얹고 사진을 찍어 보세요.

Meterial ⋯

○ 커팅매트 ○ 칼 혹은 아트나이프 ○ 자 ○ 목공용 풀 ○ 긴 막대(산적용 꼬치, 디퓨저용 스틱 등)

○ 바늘 ○ 자수용 실(dmc 157, 352, 310, 972)

How to make ⋯

01

간단하게 도안을 자른 후 스펀지를 위에 놓고 타공하
세요.

02

실선을 따라 자르세요.

03

타공한 도안을 따라 백스티치로 수놓으세요.(p69 참조)
백스티치로 테두리나 일직선 외에도 위아래로 교차하며
수를 놓아 문양을 만들어 보세요.

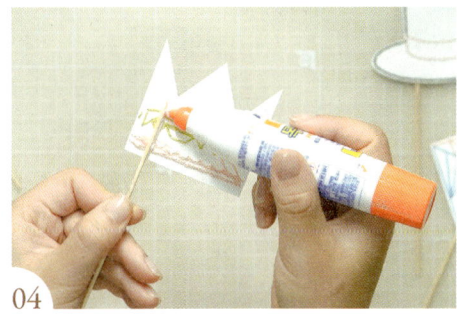

04

막대에 목공용 풀을 발라 붙이세요.

Tip

도안에 있는 점선을 따라 촘촘히 타공을 해도 좋지만, 모서리 부분만 타공해서 수를 놓으면 경쾌한 느낌이 난답니다. 수를 놓는 시간도 훨
씬 줄어들고요. 도안에 있는 점선은 실에 가려져 잘 보이지 않습니다.

페이퍼크래프트
도안

책에 있는 모든 작품을 만들 수 있는 도안들이에요.
상단에 있는 본문 페이지를 보고 매칭해서 사용하세요.
참, 도안을 볼 때 실선은 자르는 선,
점선은 칼집을 넣는 선, 회색 박스는 풀칠하는 곳을 의미해요.
도안의 안내에 따라 차근차근 재미있게 만들어보세요.

design of paper craft

Lovely

Lovely

For you

For you

Lovely

Lovely

For you

For you

• 나뭇잎

• 액자 틀

• 수선화　　　　　　• 버터플라이　　　　　• 해바라기 씨

• 수선화 엽서

• 해바라기 엽서

• 미니 화분

• 액자 거치대

• 액자 앞면

• 액자 뒷면

페이퍼 마크라메 p.032

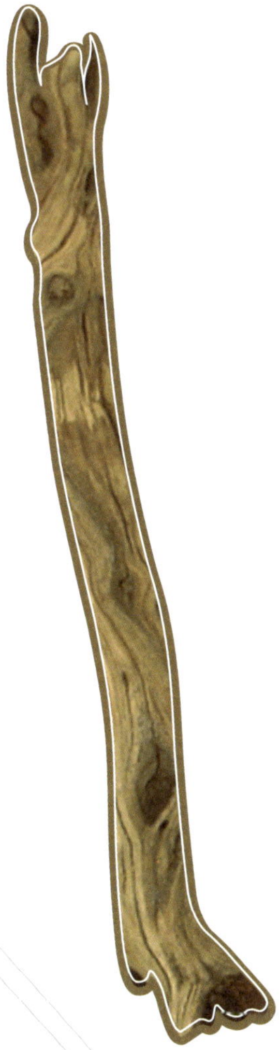

• 사각 상자 뚜껑

• 사각 상자 본체

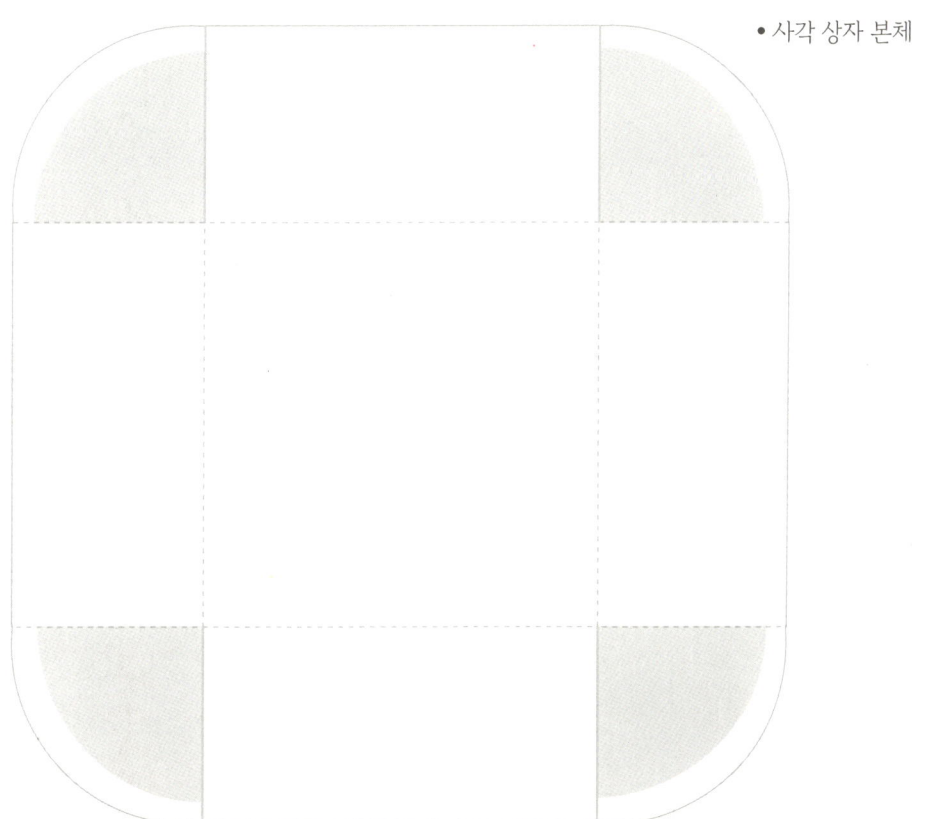

• 하트 상자 뚜껑

• 하트 상자 본체

• 뚜껑 옆면

• 본체 옆면

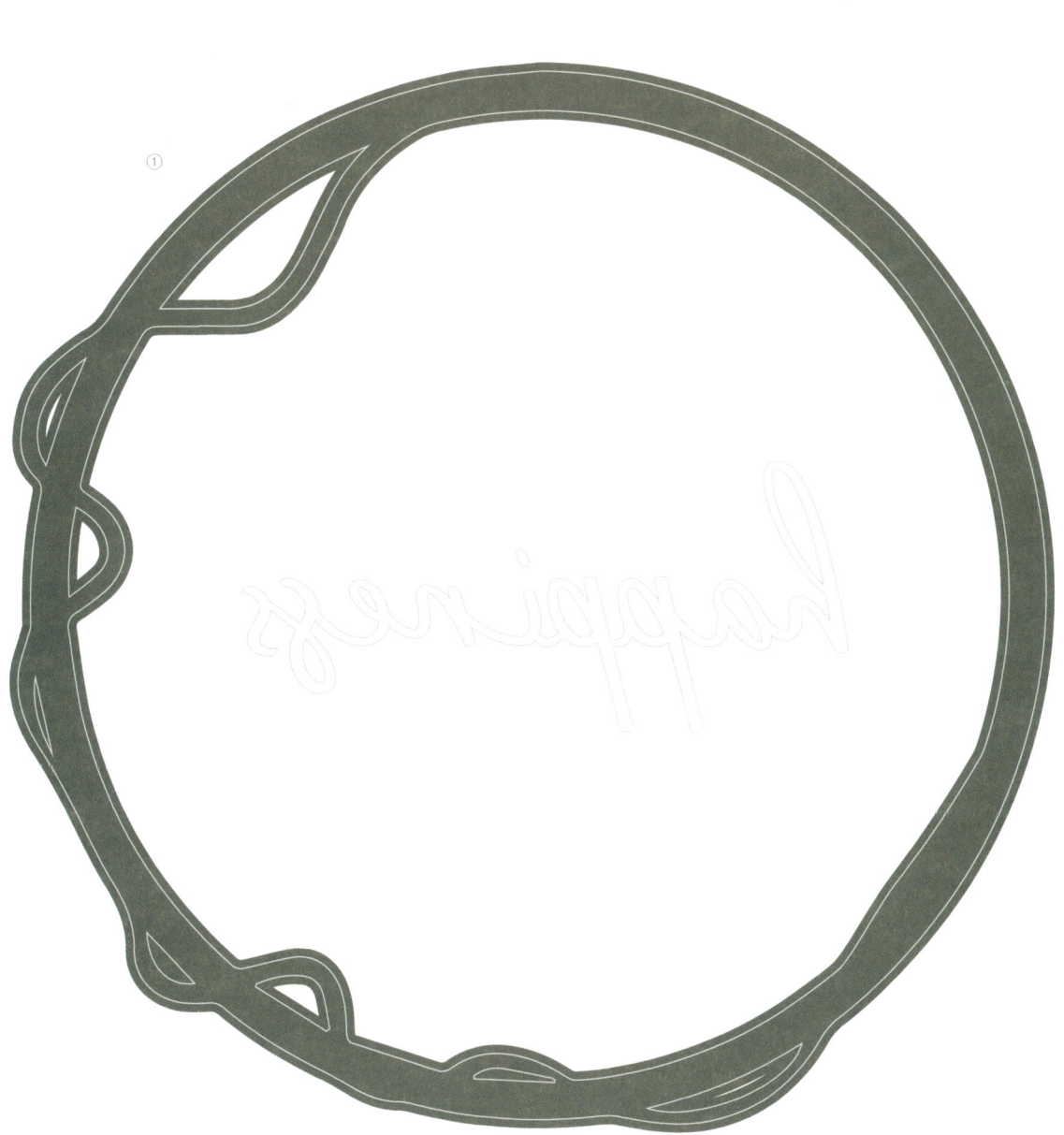

②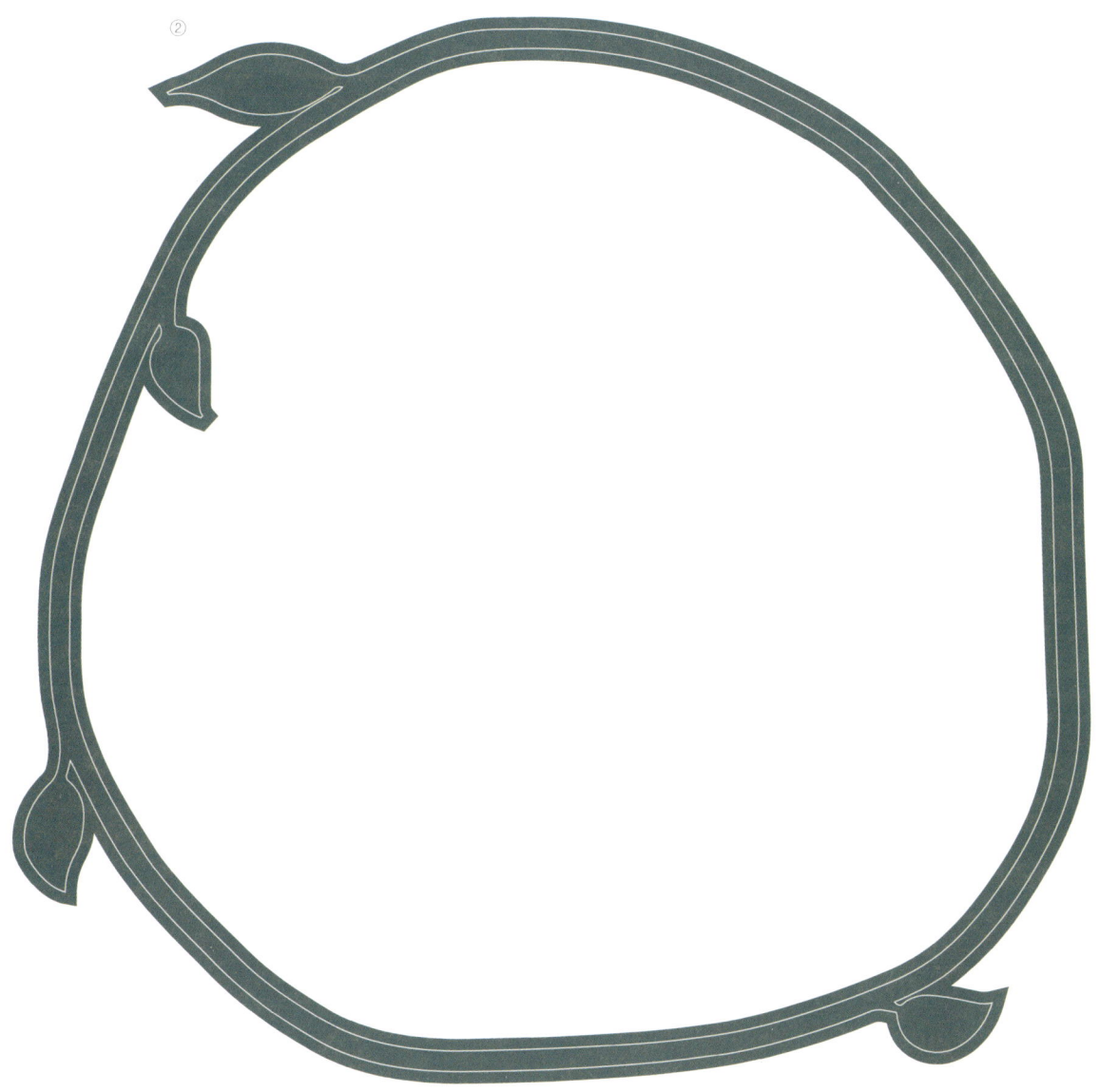

③

• 지붕 위 판

• 구슬

• 나비

• 지붕 아래판

• 드림캐쳐

• 선캐쳐

• 아네모네

꽃술

꽃잎

• 아네모네

꽃술

꽃잎

• 장미

② ③ 꽃받침

꽃잎

① ④ 잎사귀

④ ①

③ ②

• 다육 식물

• 작은 집

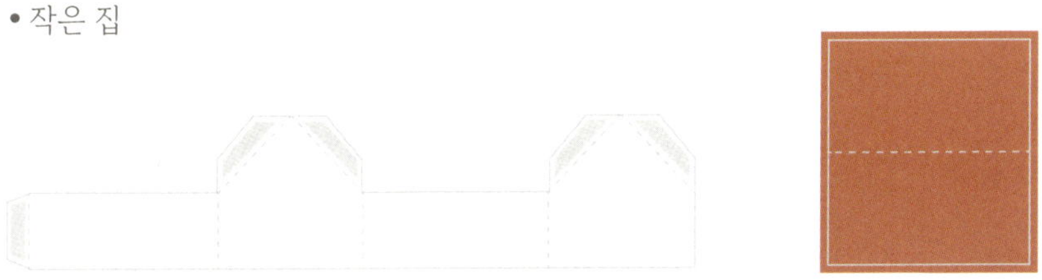

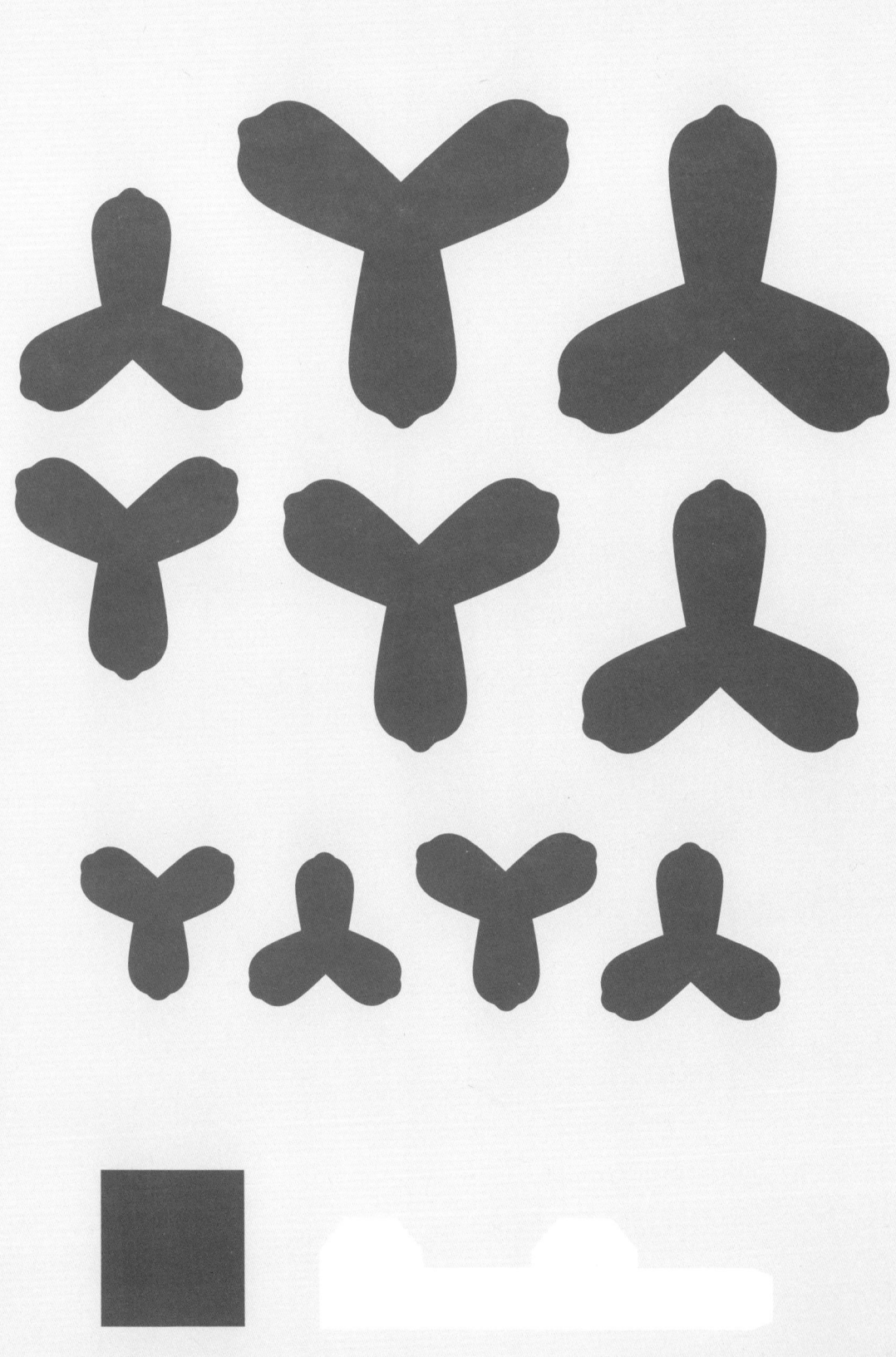

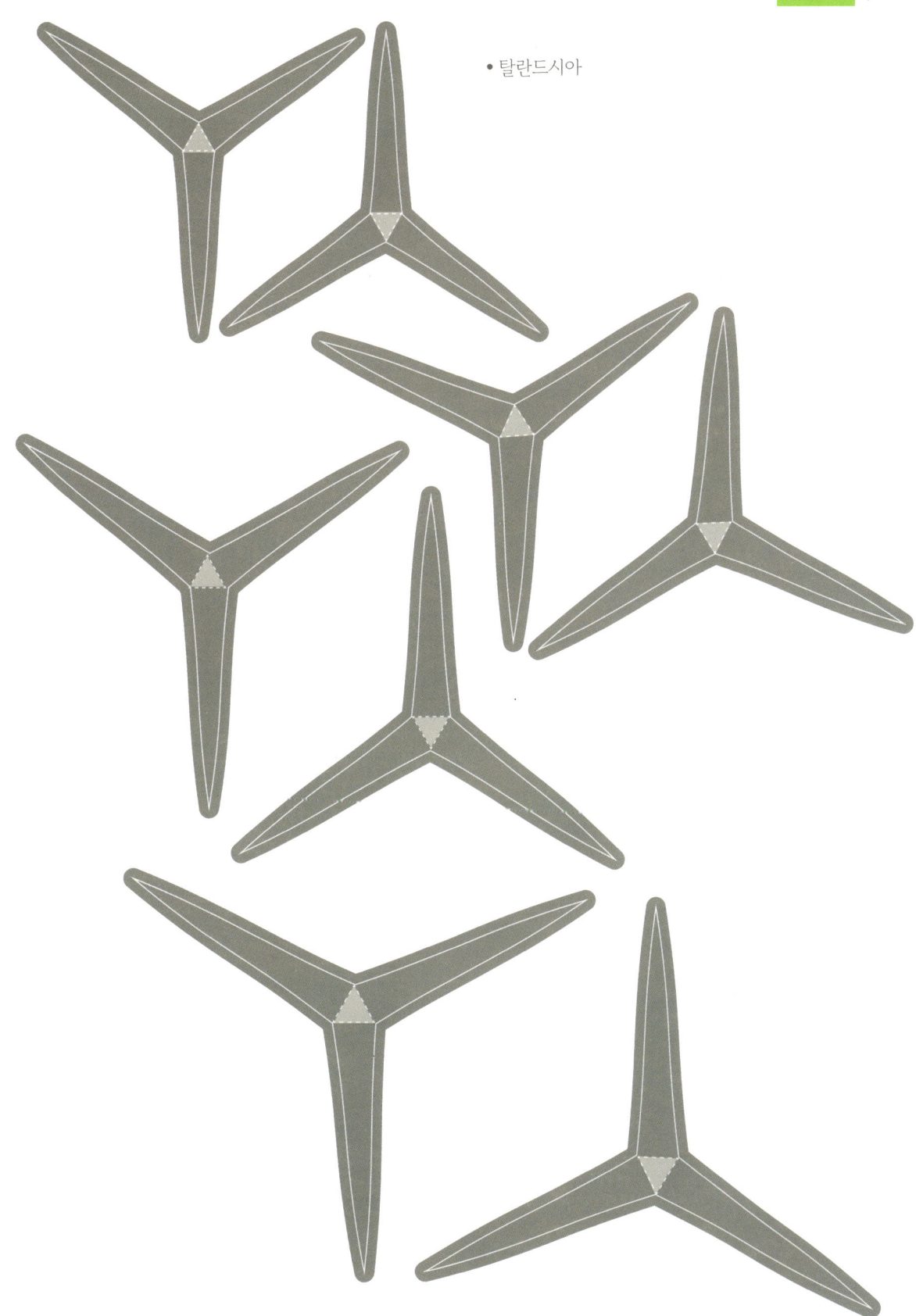

• 탈란드시아

• 큰 집

벽

벽

지붕

바닥

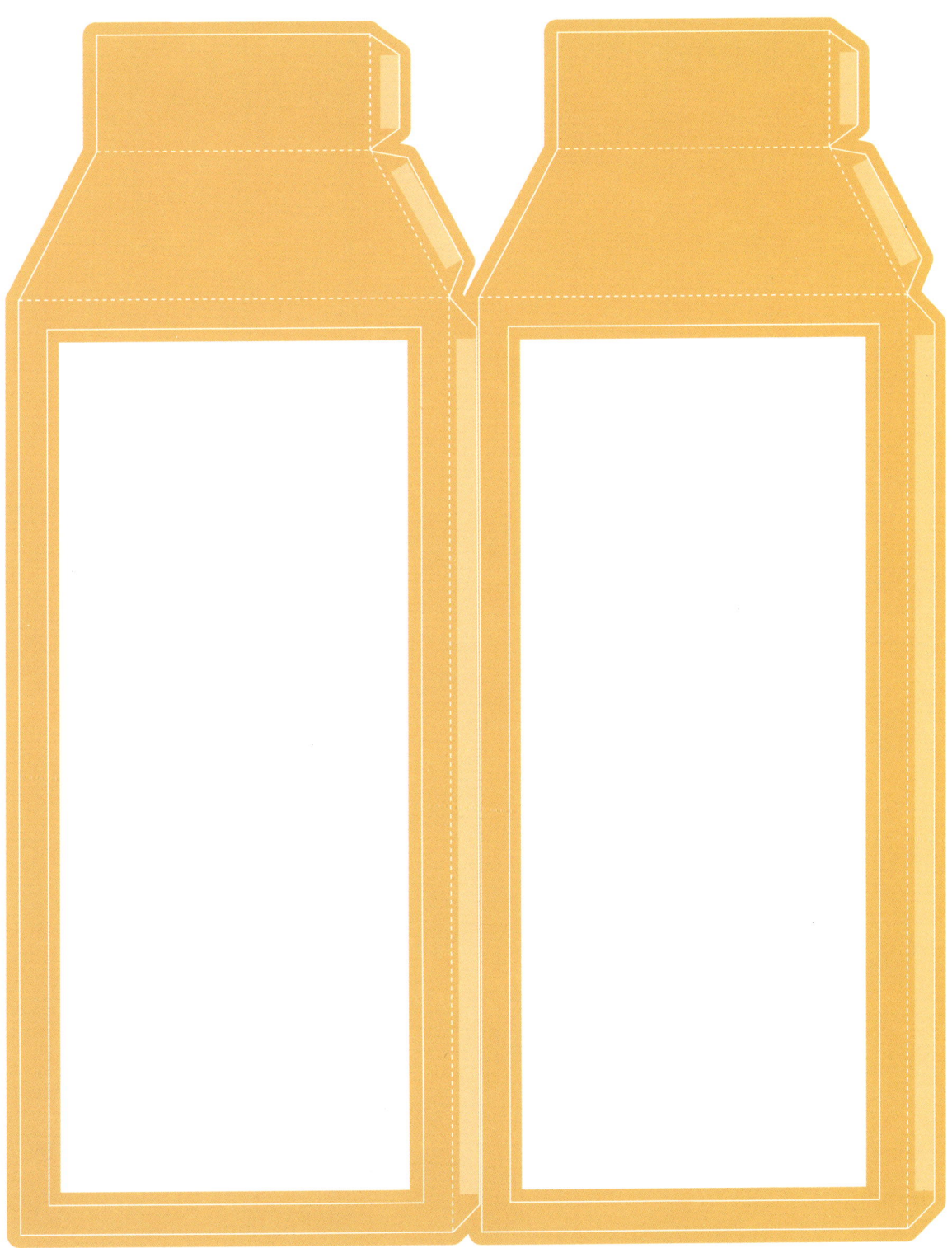

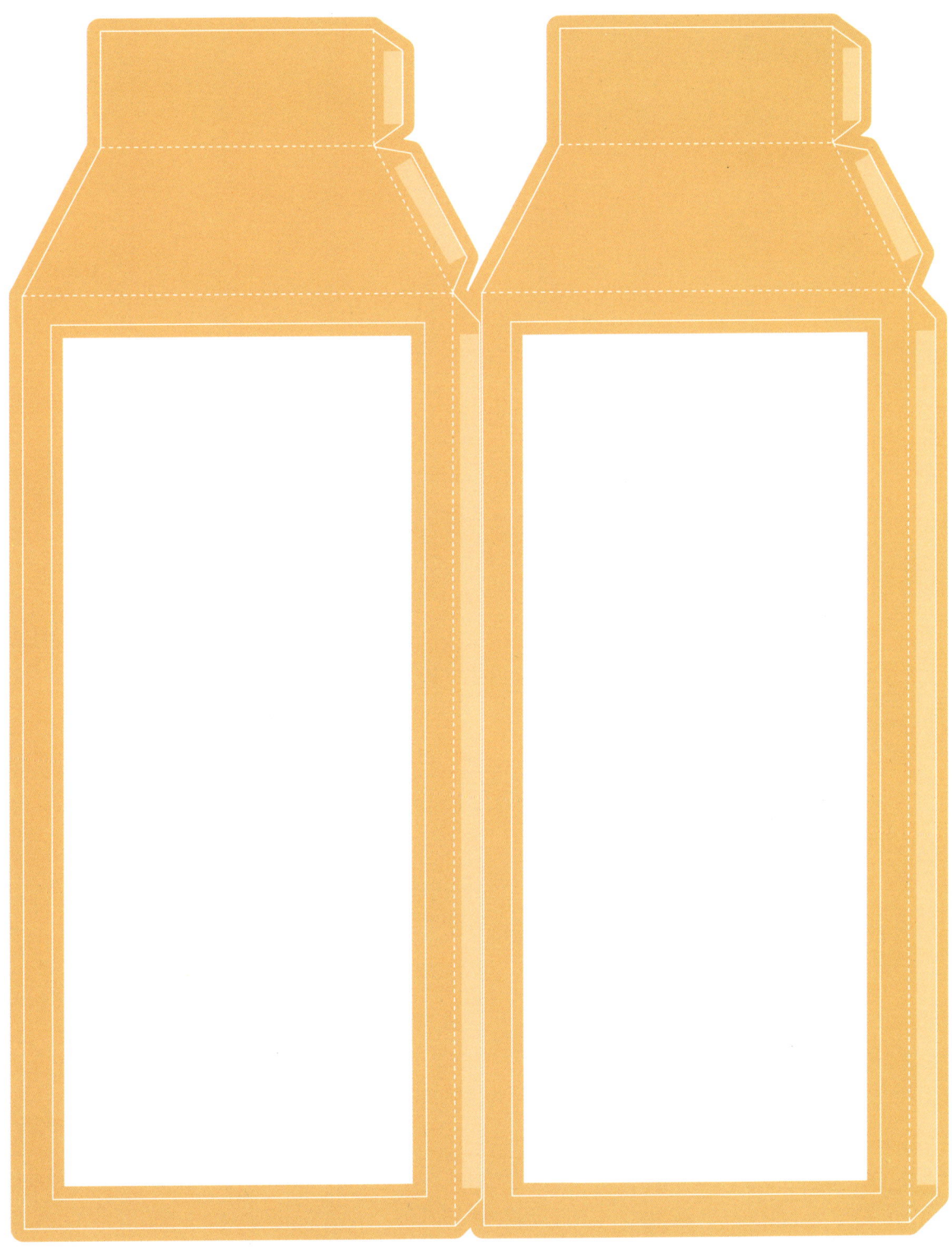

• 손잡이

• 뚜껑

• 바닥

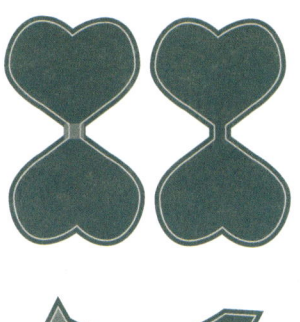

• 카드 겉면

• 카드 속면

• 장식④

• 장식①

• 메세지 카드

• 장식③

• 장식②

• 메세지 주머니

back stitch

lazy daisy stitch

woven rose stitch

french knot stitch

앞

뒤

앞

앞

뒤

뒤

• 앞

• 뒤

• 앞

• 뒤

• 거치대

- 앞
- 뒤

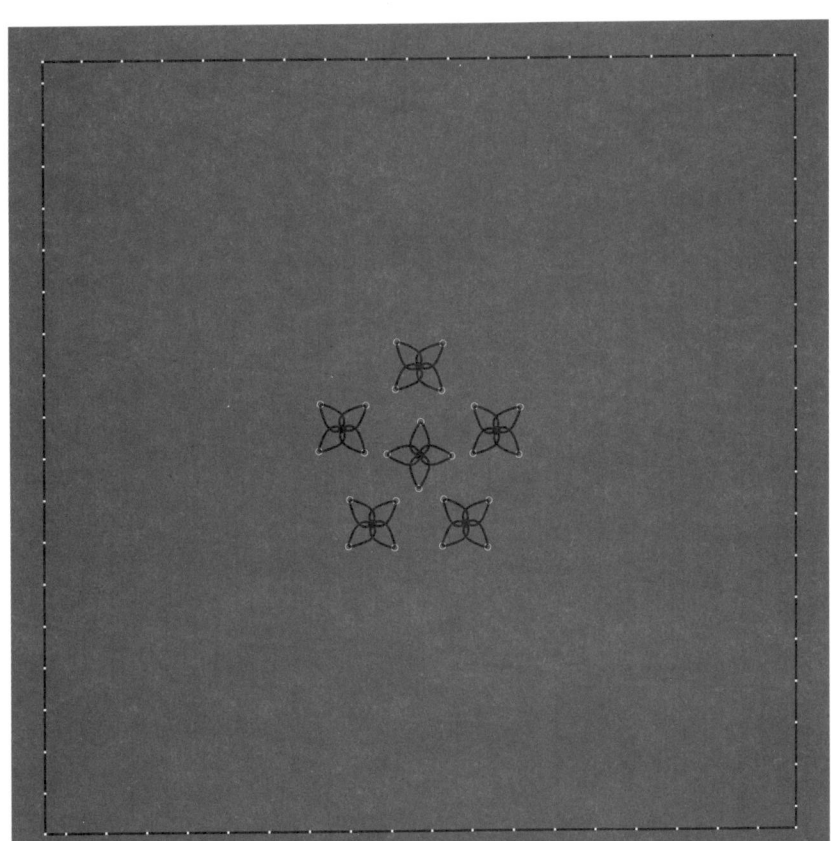

• 앞

• 뒤

Thanks

• 뚜껑

• 본체

• 웰컴 메세지

• 나뭇잎

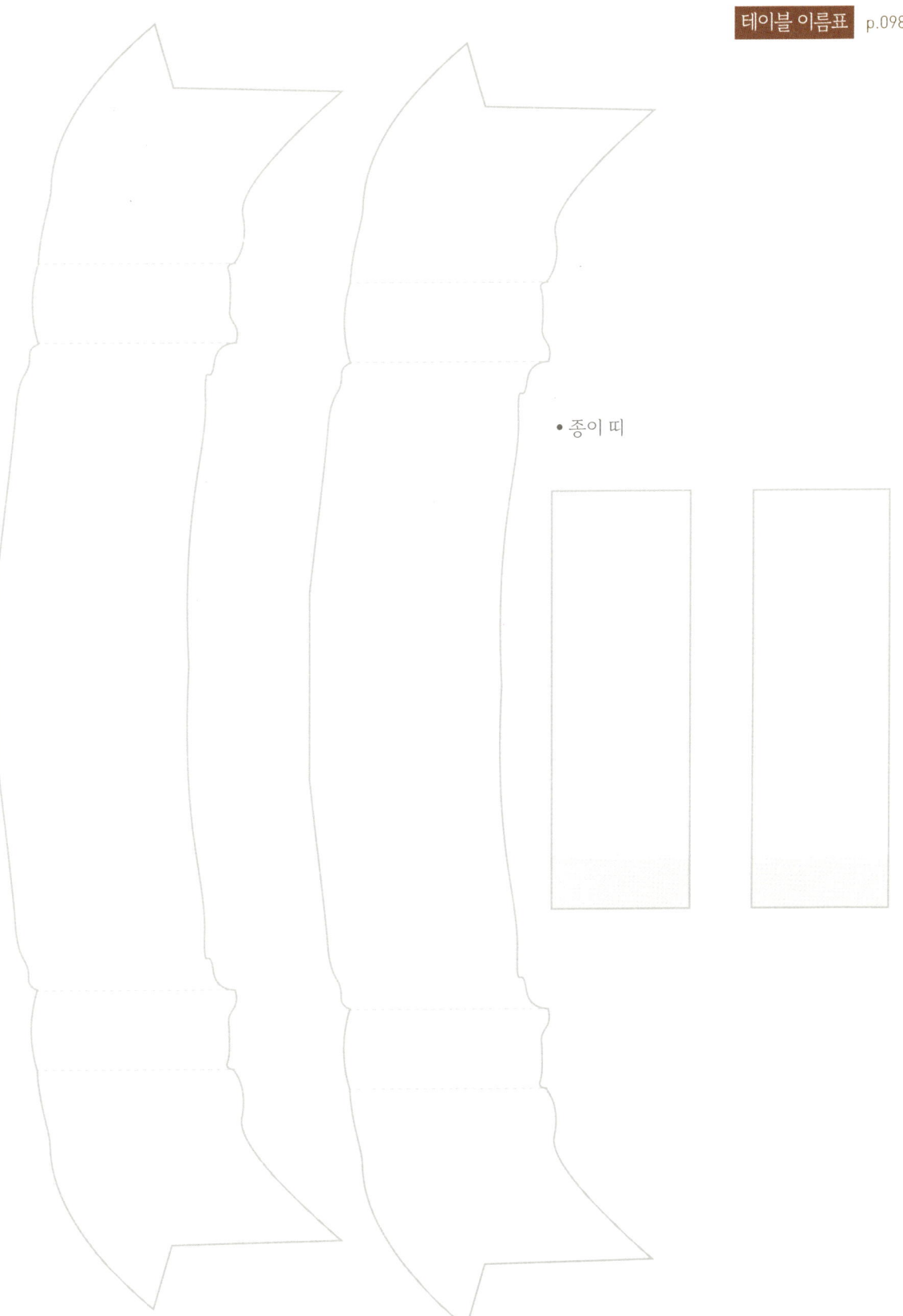

● 종이 띠